설득과 협상을 위한 소통 인문학

김일철 지음

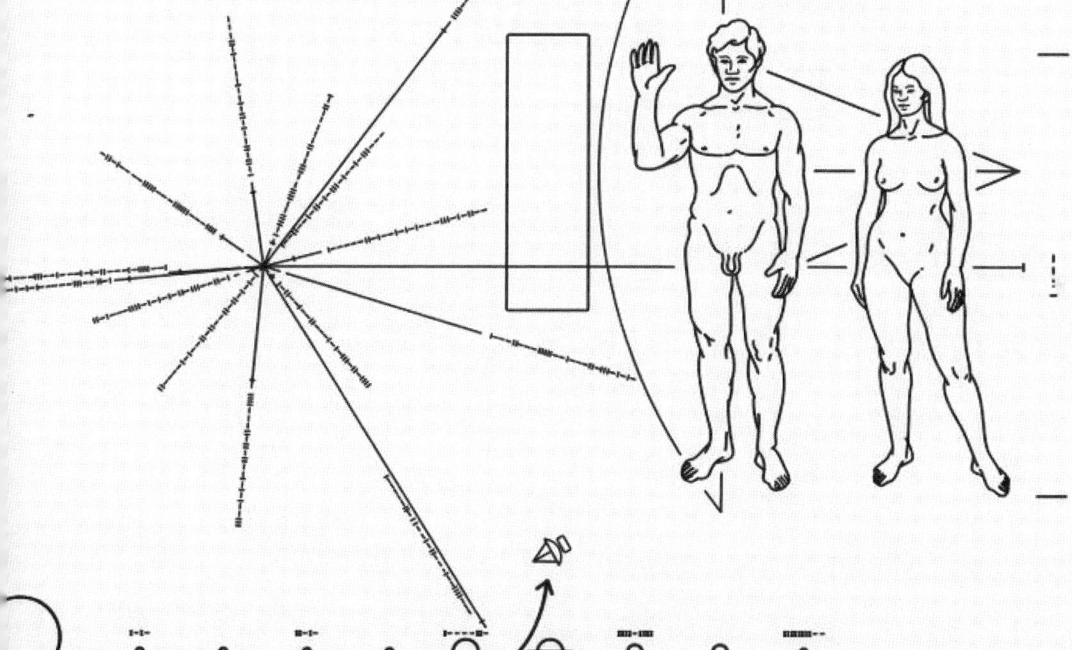

홍수가 나면 가장 부족해지는 건 식수다. 정보가 늘어나면 신뢰할만한 정보는 더 줄어든다. 인성을 공유하는 나와 다름의 인정, 이를 전제로하는 상호 레포의 형성, 이것이 소통인문학의 바탕이다. 어떻게 할 것인가?, 이 책이 제시한다

신아사

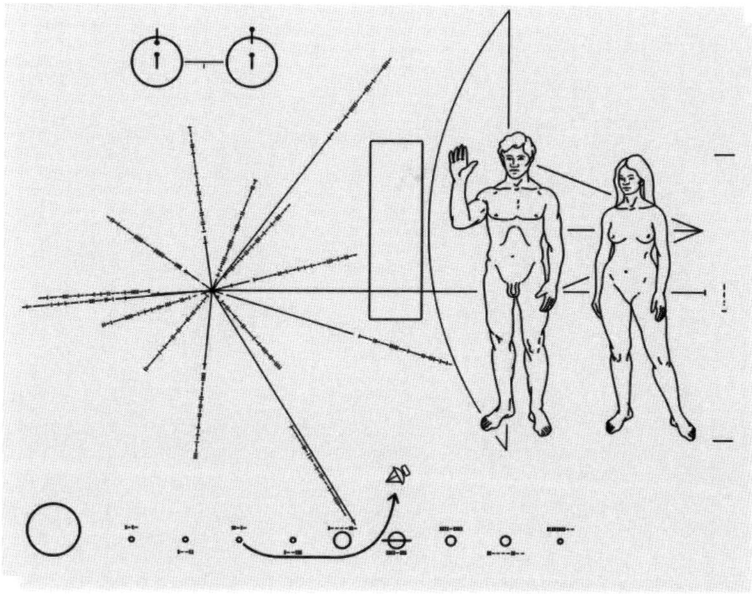

〈그림 1〉 파이오니어 10호(1972)에 탐재한 외계인을 향한 메시지

〈그림 1〉 1972년 3월 3일 미국이 발사한 파이어니어 10호에 탑재한 엽서 크기의 그림. 당시 나사 연구원이던 칼 세이건과 프랭크드레이크가 외계인에게 전하고자 한 메시지를 이미지화 한 것으로. 태양계와 지구, 우주선 항로, 남자와 여자 등이 담겨있다. 파이어니어 10호는 시속 5만2천 킬로미터의 속도로 항해중이며 지금은 태양계를 완전히 벗어났으며 2003년 이후 교신이 두절된 상태다.

서문

근자에 들어 '소통'이란 단어가 빈번하게 회자되고 '인문학' 또한 2006년 '인문학의 위기' 선언 이후 마치 봇물 터지듯 전국을 강타하고 있다. 그렇다면, '소통 인문학'은 이 유행하는 두 단어를 합성해서 소위 대박을 노리자는 꼼수인가? 그럴 리가...소통의 필요 때문에 인문학의 빈자리가 보이고 인문학의 빈곤이 소통의 결핍을 일깨우는 것이다. 다시 말해서 소통과 인문학은 물을 구성하는 수소와 공기의 관계라고 할 수 있다. 문제는 각각의 성분과 그 배합 비율에 있다.

SNS 시대에 접어든 오늘 우리는 지구 반대편에 있는 사람하고도 빛의 속도로 그것도 무료로 커뮤니케이션을 할 수 있게 되었다. 그런데 소통이 문제라니? 텔레비전만 틀었다 하면 온갖 종류의 토크쇼가 인문학 강좌요, 전국의 모든 지자체나 심지어 백화점의 문화센터마저도 인문학에 관한 프로그램으로 차고 넘친다. 그런데도 이웃 간에 층간 소음으로 다투고 주차문제로 방화하며 보복운전에 세대간, 계층간, 이념간, 다 문화간 불통의 골은 점점 더 깊어만 간다.

그 모든 원인이 소통도 인문학도 아니요 바로 소통인문학에 있다. 구체적인 이유와 원인에 대해서는 본문에서 조목조목 다루기로 하고 우선 칠레의 세계적인 인지 생물학자 움베르또 마뚜라나의 이야기에 잠시 귀기울여 보자.

> "우리는 최대한 경청해야 하며, 우리의 자각이 성급한 판단 때문에 맹목적으로 되는 것을 막아야 합니다. 또한 우리가 듣고 있는 것에 영향을 끼치는 감정들을 의식하고 있어야 합니다. 참견하기 좋아하고,

화를 내며, 질투심이 강하거나 오만한 사람들은 모두 틀림없이 제한된 방식으로 들을 것이고, 그래서 그 이상의 마주침의 가능성을 배제할 것입니다. 그들의 주의[배려]는 다른 사람의 특수한 성질들에 의해 억제됩니다. 우리의 '귀 기울여 듣기'를 제한하지 않고 넓혀주는 유일한 감정이 바로 사랑입니다[1]

그렇다. 바로 사랑의 부재가 문제다. 사랑의 결핍이 소통을 불통으로 만들고 인문학을 지적 유희로 전락시키고 있는 것이다. 왜 사랑이 부재하는가? 속도와 경쟁 때문이다. 유사이래 인류가 누릴 수 있는 하루의 시간은 오로지 24시간뿐이다. 원시시대도 삼국시대도 조선시대도 그리고 오늘을 살아가는 우리 모두에게도 하루는 똑같이 24시간 일뿐이다. 한양에서 부산을 다녀오는 데 한 달의 말미를 주던 조선시대나 그 먼 길을 당일치기로 다녀와야 하는 오늘의 직장인들에게나 해뜨고 달지는 시간은 매 한가지다. 하지만 우리는 여전히 그 때처럼 하루에 세 번 밥을 먹고 여덟시간 가까이 잠을 자야 한다. 제 아무리 컵 라면으로 끼니를 때우고 쪽잠에 새우잠으로 때운다해도 일하는 시간은 고작 거기서거기다. SNS가 일반화 된 요즈음엔 그 속도에 가속도가 붙은 느낌이다. 절대적으로 시간이 모자란다.

두 사람의 대화를 곁에서 잠시만 지켜보라. 말하는 사람은 자기 말이 끊이지 않으려고 호흡조차 건너뛴다. 듣는 이는 마치 여럿이 하는 줄넘기에서 발에 걸리지 않고 들어가는 타임을 재듯 상대방 말의 끊을 곳을 찾기에 머리를 굴릴 뿐이다.

경쟁은 또 어떤가? 새벽에 눈 뜨고 밤중에 잠자리에 들 때까지가 온통 경쟁이다. 알람 시간, 밥먹기, 출퇴근 시간, 근무 시간, 퇴근 후 자기일 보기와 관계 맺기, 어느 것 하나 경쟁이 아닌 것이 없다. 어디 그 뿐인

---

1) 움베르또 마뚜라나, 서창현 역 (2005),"있음에서 함으로", 갈무리, p. 189

가. 갑자기 늘어난 선택의 폭은 결정을 망설이게 한다. 하다못해 마트에 들어가서 칫솔을 하나 고르는 것에서부터 망설여진다. 수십 개의 칫솔이 경쟁하고 있으니 그 안에서 조차도 최선의 결정을 해야만 한다. 핸드폰을 잡고 친구랑 주말 약속을 하려해도 끝내는 그 전에 다시 한번 확인 통화하기로 한다. 왜? 그 사이에 무슨 변화가 있을지 모르니까 불안해서다. 우선순위가 수시로 변하는 사회에서는 인문학의 영(令)이 서질 않는다. 이 사회가 수직으로는 리더십의 영이, 수평으로는 시티즌십의 영이 무너지니 소통도 인문학도 공염불에 불과할 뿐이다.

이제 '소통인문학'의 영을 바로 세울 때다. 2015년 정부가 소위 인성진흥교육법이라는 제도를 발효한 것 또한 이와 무관하지는 않다. 단지 이러한 제도들이 수능이라는 경쟁의 원심력을 여하히 벗어날 수 있는가 하는 염려는 여전히 남는다.

원심력에서 뛰쳐나오지 못하는 것은 두려움 때문이다. 우리를 두렵게 하는 공포란 과연 무엇인가? 세상은 어디에서 왔는가(Tibetan Pulsing)라는 책에 보면;

> "공포는 고통이라고 입력된 기억에 신경을 연결하는 부정적인 전기적 전하로 우리 신경조직에 존재하고 있습니다. 이것은 현재의 개념에 과거의 그림을 덧붙이는 것입니다. 우리가 보는 것에 나쁜 기억을 결부시키는 것입니다. 이것을 에고라고 합니다. 에고는 우리를 방어하기 위한 전기적 방어시스템으로, 공포라고 하는 조금 더 순화된 자극을 유발해서 보다 극심한 자극으로부터 우리를 보호하기 위한 것입니다."[2]

적지 않은 사람들이 두려움 혹은 공포의 반대말을 용기로 생각하고 있다. 혹은 미움이나 증오의 상대어로 사랑을 꼽고 있다. 모두 틀렸다.

---

2) 샨탐 디라지, 박현수.김미경역(2008)," 세상은 어디에서 왔는가?",정신세계사, p.30

두려움의 반대말은 사랑이며 사랑의 대척점에 공포가 있다. 물적 자본주의가 사회적 자본주의를 지나면 영적 자본주의(Spiritual Capitalism)를 맞이하게 된다.[3] 그 실질적이고 구체적인 방법론에 대해서는 마케팅의 그루라고 하는 필립 코틀러(Philip Kotler)[4]가 자신의 최근 저서를 통해 주장하고 있다.

그렇다 아직은 우리 사회가 척박해 보이지만 변화의 방향은 영성을 지향하고 있다. 이는 곧 사랑이다. 결국, 소통인문학이란 사랑의 대화법이다. 내가 다루는 주제나 대화하고자 하는 상대방에 대한 이해와 애정여부가 소통인문학의 출발점이요 과정이며 마무리인 셈이다. 문제는 이를 어떻게 체득하고 실천하느냐이다. 지금부터 그 이야기를 하려고 한다.

이 책은 애초에 대학 교양 과정을 위한 교재를 염두에 두고 집필을 시작하였다. 하지만 이곳저곳의 이러저러한 인문학 강의 요청에 응하다보니 이는 단순히 학생들에게만 국한되는 문제가 아니라는 판단에 일반인을 위한 소통 서적으로 그 독자 범위를 넓혔다. 하지만 시중에 소통에 관한 책들은 차고 넘친다. 이들과의 차별점이라면 표면적인 기교나 방법보다는 본질 곧 사랑이나 진정성에 주목하려고 노력하였다.

이 책은 크게 이론과 실습 부분으로 나뉜다. 이론은 커뮤니케이션에 관한 최첨단의 기술을 달리는 오늘 소통이란 무엇인지, 왜 소통이 다시 문제가 되고 필요한 것인지 그리고 그러한 소통을 어떻게 해야 되는 지로 나누어 각각에 대한 근원적인 물음과 이에 대한 해답을 추구한다.

---

3) Dana Johar & Ian Marshall(2004),"Spiriual Capital",Bloomsbury

4) Philip Kotler, Hermawan Kartajaya, Iwan Setiawan(2010)," Marketing 3.0",John Wiley & Sons, Inc.

오늘날 소통이 요구하는 본질에 대한 물음에 기초한 정의를 바탕으로 본문에서 여러 차례 반복되듯이 소통의 주체인 나 자신의 인격과 인성에 대한 바른 점검 없이는 어떤 대화나 설득 혹은 협상 노력도 소리 나는 꽹과리에 불과하기 때문이다. 그리고 이러한 논의를 바탕으로 어떻게 소통할 것인가에 대해 실제적인 방법을 다루면서 고전과 문화적 차이에 따르는 국제 환경 그리고 게임에 의한 실습과 단문에 대한 이해와 토의 등을 위한 실습 부분이다.

감사의 글

책을 낼 때마다 앞서는 생각이지만 새롭게 글을 쓴다는 건 늘 상 누구에겐가 신세를 지는 일이고 또 누군가에겐 폐를 끼치는 일이다. 이 책도 글쓴이의 역량이 부족한 탓에 그동안 듣고 읽은 바를 소화한 결과에 불과하다. 인용한 출처를 밝히느라고 최대한 애는 썼지만 적지 않은 내용들이 어디에선가 누구의 책에선가 읽고 본 글들이다. 다만 세월이 흘러서 또 그 생각에 공감해서 되뇌다보니 어느 틈엔가 그것이 마치 내 생각인양 둔갑해버린 부분도 적지 않을 듯싶다. 마치 거짓말을 반복하다보면 끝내는 그것이 본래부터 자기 것인 양 혹은 사실인 듯 오인해버리는 불손함처럼 말이다. 특히 설득과 협상에 관한 책들은 동서고금에 차고 넘친다. 본디 난삽하게 독서하는 스타일인지라 어느새 그것들이 내 생각으로 자리하고 말았다.

미국 노스웨스턴 대학교의 슐츠 교수님과 양의 동서를 비교하는 연구 과정에서 서양의 소통에 관한 많은 자문과 조언은 이 책을 집필하게 된 직접적인 계기가 되었다. 여든이 넘은 연세에도 연구를 멈추지 않는 자세, 아시아 여러 나라와의 공동 연구를 통한 해박한 이해 등은 학자적 자세와 국제 수준에서의 소통을 이해하는 데 귀중한 밑거름이 되었다. 고전에서 만나는 소통인문학 부분은 기장문화원의 황구 선생님께 신세진 바가 크다. 유학을 다녀 온 것도 아니면서 평생을 서구식 교육에 경도된 필자에게 황선생의 고전 해석은 마치 칼날 위에 선 중용의 맛을 느끼게 해 준다. 의욕만 앞서고 꼼꼼하지 못한 탓에 일일이 필요한 자료를 찾아서 정리하고 또한 산만한 원고를 차분히 읽고 중복이나 여백의 내용을 지적해 가며 배열에 도움을 준 박사과정 유지희 선생의 노력에 신세진 바 크다. 그밖에도 이러저런 모양으로 도움을 주신 주변 여러 분들의 자문이나 조언이 없었다면 이 글은 온전한 책의 모습을 갖추기 어려웠을 것이다. 진심으로 감사드린다.

끝으로 이 책이 우선적으로 교양과정의 교재로 쓰일 수 있도록 집필을 지원한 대학 당국과 극심한 경쟁과 열악한 출판 환경에도 선뜻 출간을 맡아준 출판사 관계자분들께도 머리 숙여 감사드린다.

2016년 立冬 无只浦口에서
聽野 김일철

목차

I

소통인문학이란 무엇인가?

나는 왜 이일을 하는가? 라는 책[5]의 저자 사이몬 시넥(Simon Sinek)은 세 개의 둥근원(Golden Circle)을 가지고 인권 운동가 마틴 루터 킹이나 비행기를 발명한 라이트 형제 그리고 애플의 신화적인 창업자 스티브 잡스의 성공 요인을 분석하고 있다. 그가 그리는 세 개의 둥근 원은 각기 무엇(What)과 어떻게(How) 그리고 왜(Why)에 관한 물음과 해답이다.

오늘날과 같은 감성과 인성의 시대에서 무엇보다도 중요한 것은 '무엇'이라는 사실이나 '어떻게' 라는 방법보다 '왜'라는 이유 곧 자기 정당성이다. 이러한 그이 주장이 무엇보다도 절실한 곳이 바로 소통이요, 왜라는 자기 정당성을 담보한 것이 소통인문학이라고 할 수 있다. 강의실에선 학생들에게 틀려도 좋으니 제발 자기 생각이나 의견을 가지고 발표할 것을 주문한다. 자신을 설득하지 못하면 누구도 결코 설득할 수 없으며 자신과의 협상에서 실패한 내용은 타인과의 협상에 나설 수 없기 때문이다.

이 책의 전편을 꿰뚫는 배열도 이 세 가지 물음에 대한 답을 찾아가는 과정으로 펼쳐가기로 한다.

소통인문학이란 무엇인가?

곤충도 식물도 심지어 미생물조차도 서로 소통한다고 한다. 하물며 인간이랴. 그런데 그 소통이 점점 더 문제가 되고 또 중요해지고 있다. 전 세계를 동시에 무료로 음성은 물론 동영상 통화까지 가능해진 오늘,

5) Simon Sinek,(2011), Start with why:How Great Leaders Inspire Every One to Take Action" Penguin Books",

기술적으로는 전혀 문제가 없는 데 왜 소통이 다시금 문제일까?

이에 관한 가장 명쾌한 대답은 다니엘 핑크(Daniel Pink)가 쓴 책(To Sell is Human)[6]에서 인용하는 것이 더 적절할 듯싶다.

학생들은 아직 덜 실감하겠지만 직장인이나 특히 사업을 하는 사람들은 자신의 메일 함을 열어 지난 몇 주 동안 상대방과 주고받은 이메일을 한번 자세히 들여다보라. 일상적이고 단순한 정보 교환도 있겠지만 상당 부분 자신의 의견이나 생각을 알려서 상대방의 의견이나 동의를 구하고자 하는 메시지가 적지 않다. 이를 두고 저자는 우리 모두를 세일즈맨으로 표현하고 있다.

우리는 하루에도 수천 번씩 우리 눈앞에 노출되는 각종 광고나 홍보물을 두고 소통이라고 하지 않는다. 설득이나 협상에 의한 합의점에 도달했을 때 비로소 소통이라고 할 수 있다. 나아가 그것이 소통인문학이어야 하는 이유는 전달자의 인성이 담보되어야 하기 때문이다. 이들을 주체별로 논의하면 다음과 같다.

설득의 상대

세상에서 가장 설득하기 어려운 상대는 누구인가? 바로 자기 자신이다. 스스로를 충분히 설득했다면 그래서 자기 자신과의 완전한 합의에 이르렀다면 후회할 일도 불행할 일도 없다

가만히 생각해 보자. 결심하고 그대로 실천한 일들이 얼마나 되나? 작심한 것이 사흘을 넘기지 못했던 일들이 얼마나 많은가? 이 모두가 자신에 대한 설득에 실패했기 때문이다. 소통학에서는 이를 '자신과의

6) 다니엘 핑크, 김명철 역(2013),“ 파는 것이 인간이다”, 청림출판

대화(Intrapersonal Communication)'라고 한다. 소통의 시작과 끝은 공자가 말하는 극기복례(克己復禮)에 달려있다. 곧 자기를 이기고(스스로를 속이지 말고), 예의를 잃지 않는 자세를 말한다.

협상의 대상

협상은 나 이외의 다른 사람 곧 제3자와의 소통이다. 나와 상대방 사이에는 관계가 성립된다. 이 관계를 어떻게 바라보고 이해하는가가 협상의 성패를 좌우한다. 이렇듯 상대방을 만나면 비로소 '타인과의 대화(Interpersonal Communication)'가 시작된다. 서양의 스말리는 말한다. 세상사는 관계가 전부다. 나머지는 모두가 사소한 일들이다. 요는 이 관계를 어떻게 수용하는가이다. 고전에서 살펴보면 해답을 찾을 수 있다. 기소불욕이거든 물시어인(己所不欲 勿施於人)이라고 했다. 내가 하기 싫은 일을 남에게 강요하지 말라는 뜻이다. 본문에 가서 성경에 나오는 '대접받고자 하는대로 남에게 베풀라(마태7:2).'는 표현과의 비교를 통해 동서양의 관계 해석을 비교해 보기로 한다.

소통과 불통

반복되는 물음과 답변이지만 SNS가 상징하듯 소통 수단의 발달이 최고조에 달한 오늘 왜 불통이 문제되는가? 아이러니가 아닐 수 없다. 제1부에서는 소통인문학이 일반적인 소통과는 어떻게 다른지에 관한 논의에 집중하고자 한다. 오늘 우리에게 필요한 것은 단순한 소통이기보다는 그 이상의 의미가 있다는 사실을 깨닫게 되면 지금의 불통에 대한 원인과 이유를 깨닫게 되고 결국에는 본래의 원만한 소통을 회복할 수 있으리라는 기대에서다.

두 사람 사이의 대화를 예로 들어보기로 하자. 말하는 사람의 성대에서 발생한 진동 곧 주파수는 대기나 전파를 타고 상대방의 고막을 접촉하고 그 진동은 다시 복잡한 과정을 거쳐 듣는 사람의 뇌에 메시지(의미)로 전달된다. 이 경우 진동 혹은 파장이 소리에서 의미로 전환되는 과정은 전적으로 듣는 사람의 몫이다. 그 과정에서는 일차적으로 청력만 요구되는 것이 아니라 이차적으로 이해력이나 관심 등이 중요한 필터로 작동된다. 나아가 그 내용이 정치나 이념 혹은 종교와 같이 가치판단을 요하게 되는 경우 제 삼차의 관문을 통과해야만 한다. 이처럼 단순한 절차에서 조차도 본래 화자가 전하고자 하는 의미가 여과 없이 전달되었다고 기대하기는 어렵다. 하물며 언어를 달리할 경우(언어에는 또다시 역사와 문화 등 많은 변인들이 내재되어 있지만, 생략하고 해석력이라고만 하자) 앞서의 제곱 수준에서의 장벽이 자리하게 된다.

그리고 이 두 사람이 처한 상황은 각자의 정치, 경제, 사회, 문화적 조건에 따라서 판이하게 다르다. 더욱이 지금은 4차 산업 혁명이 진행되고 있는 완벽한 탈 대량의 중심에 놓여 있다. 모두가 모든 것과 다른 세상이다. 어제와 다르고 남들과 다르다.

따라서 새로운 소통이 요구된다. 그것이 반드시 '소통인문학'일 필요는 없다. 다만 앞서 논의한 대로 소통의 조건과 상황의 차이점을 이해하고 그 과정을 수용하려는 노력이면 명칭은 그다지 중요하지 않다. 단지 이 책에서는 그러한 새로운 소통을 소통인문학이라고 명명했을 뿐이다.

소통인문학의 정의

그렇다면 소통인문학을 어떻게 정의할 것인가? 요즘은 뜸하지만 우리 사회 전반에 걸쳐서 한 때 '착한'이라는 수식어가 유행한 적이 있다. 대표적인 게 '착한 가격'이다. 아마도 값이 상대적으로 저렴하다는 의미지 싶다. 달리 해석하면 바가지를 씌우지 않는 적정한 가격으로 해석된다. 하지만 그 폭이 넓고 애매해서 이후 가격 대비 성능이 우수한 '가성비'라는 유행어로 대체된다. 또 다른 경우로 기업들이 하는 사회적 책임(Corporate Social Responsibility: CSR)이나 공유 가치 창출(Creating the Shared Value: CSV) 캠페인을 예로 들 수 있다. 기업 이윤을 임금이나 세금 이외에 사회적 개선 활동에 투자하겠다는 혹은 만들어진 부가가치를 소비자와 공유하겠다는 의미의 기업 PR 활동이다. 그러나 이를 액면 그대로 믿는 소비자는 드물다. 기업들이 근로자에 대한 정당한 대우나 환경 보호에 대한 인색함 나아가 기업 오너를 비롯한 경영진들의 비윤리적, 비도덕적 보도가 끊이질 않는 상황에서 이는 그야말로 공허한 선전에 불과하다는 것을 익히 잘 알고 있기 때문이다. 정보는 넘쳐 나지만 믿을 게 없다. 홍수가 나면 가장 시급한 건 식수라고 한다. 넘쳐나는 정보 시대에서 믿을 수 있는 정보를 기대하는 건 당연한 요구다. 이러한 시대적 상황에 부합하는 소통이 곧 소통인문학이라고 할 수 있다. 따라서 '소통인문학이란 말하는 이와 듣는 이의 인성을 담보(전제)로 하는 진정성 있는 대화'를 의미한다.

소통과 진정성

동식물들 사이의 의사소통에도 거짓이 있을까? 그렇지 않다고 믿는다. 끈끈이 주걱이나 파리지옥 혹은 거미줄이나 카멜레온의 위장처럼 그들도 상대방을 속이지 않느냐고 반문할지 모른다. 하지만 이는 생존을 위한 본능적 노력에 불과하다. 사람 또한 본능을 위해 그러는 것이라고 항변할 수 있다. 좋다. 백보를 양보해서 생존이라는 본능을 위해서는 거짓을 용서하기로 하자. 그러나 우리가 혹은 기업이 하는 모든 허위, 거짓, 과장은 생존을 넘어선 욕심을 위한 것이다. 생존과 욕심의 한계를 결정짓는 기준이 바로 진정성이라고 할 수 있다. 지하철에서 장애인을 만나면, 텔레비전에서 소아암 돕기 혹은 아프리카 가난한 나라를 돕기 위한 캠페인을 보면 예전보다는 많은 사람들이 동참한다. 측은지심이 발동하는 진정성에 닿아 있기 때문이다. 이에 대해서도 그 뒤에는 앵벌이를 시키는 조직이 있다느니 세계적인 구호 단체들이 과도하게 캠페인 비용을 쓰거나 인건비를 높이 책정했다느니 하는 비난과 비판이 적지 않다. 그럼에도 과거보다는 많은 사람들이 이런 활동에 동참하는 이유는 단순히 경제 수준이 높아져서라기보다는 우리의 의식이 진정성을 향한 회복 국면에 들어섰기 때문이다. 때문에 소통에 있어서도 이러한 요구가 일어나는 것은 어쩌면 당연하다고 할 수 있다.

온전함으로의 회귀

앞서 얘기한 진정성을 향한 회복 국면에 들어섰다는 말이 무슨 의미일까? 본래 인간의 심성은 착하게 태어났다. 기원전 오백년 전(BC 551)

에 태어난 공자와 이후의 맹자로 이어지는 고전에 보면 인간의 본성과 이를 어떻게 가꾸어야 할지에 대해서 소상히 설명하고 있다. 태극설이니 이기론이니 하는 어렵고 복잡한 얘기들은 생략하고 이들이 제시한 4단론에 따르면 인간이 가지고 태어난 심성은 남의 어려움을 보면 가엾게 여기는 측은지심(惻隱之心)과, 잘못된 행위에 대해서는 부끄러워 할 줄 아는 수오지심(羞惡至心), 다른 사람에게 양보하고 사양할 줄 아는 사양지심(辭讓之心) 그리고 옳고 그름을 분별할 줄 아는 시비지심(是非至心) 등이 그 본성이라는 것이다. 이들은 각각 인(仁)과 의(義)와 예(禮)와 지(智)의 단서가 되기도 한다. 아직 세대간에 시차는 남아있지만 이런 용어나 표현들이 예전만큼 낯설거나 생소하지 않은 이유, 넘쳐나는 인문학 강좌에서 이를 주제로 하는 다양한 프로그램들이 펼쳐지는 이유는 무엇을 의미하는가? 나아가 통합이니 융합이니 통섭이니 하는 용어들이 빈번하게 등장하거나 2018년 이후 고등학교에서의 인문 이공 구분 폐지, 대학에서 실시하고 있는 인문, 이공 계열 통폐합을 의미하는 소위 프라임 사업의 착수, 나아가 조직의 슬림화를 향한 명칭과 부서의 조정 등등의 변화는 무엇 때문이며 어디를 지향하고 있는가?

이들은 인류 본래의 모습, 원래의 가치를 향한 방향 선회를 하고 있는 중이다. MIT 대학의 피터 생거 등은 이를 유 이론(U Theory)으로 어렵게 설명하고 있다. 영국의 시사 주간지 이코노미스트 또한 유 커브(U Curve)라는 도표를 내세워가면서까지 이러한 선회현상을 정당화 하고 있다. 온전함으로의 회귀는 굳이 석학들의 복잡한 이론이나 세계적 언론의 보도에 의존할 필요가 없다. 우리 모두가 온전한 인간이라면 본능적으로 감지할 수 있기 때문이다. 원시 수렵사회 이후 농업사회에 이르기까지 공유해 왔던 인간의 본성은 산업사회의 분업화로 분리되기 시작했다. 그 과정에서 가치는 몰락하고 오직 생산성(배금주의)만이 지고

의 목표로 숭배되어 왔다. 산업사회가 지나가고 정보사회의 후반부에 들어서면서 비로소 인류는 본래의 가치와 인성에 눈을 돌리기 시작한다. 소통인문학은 그러한 변화하는 시대가 수요로하는 커뮤니케이션 방법이요 가치라고 할 수 있다.

Ⅱ

왜 지금 소통인문학인가?

왜 지금 소통인문학인가?

전국경제인연합회는 2004년 4월, 자체 실시한 조사결과 및 주요기업의 신입사원 교육내용과 대학교육협의회 등의 자문을 토대로 `주요 국내 대기업이 바라는 인재상`을 발표한다.

이후 2012년 10월 19일자 중앙일보의 기업이 바라는 인재상이라는 제하의 기사를 보면 앞서의 전경련 자료와 크게 다르지 않다. 그런가하면 최근 대기업에 취업한 구직자들의 평균 스펙이 공개돼 이목을 끌고 있다. 취업포털 잡코리아는 지난 2006년 1월부터 올 상반기까지 '스펙타클'에 올라온 구직자들 중 주요 10대 기업에 취직한 이들의 평균 스펙을 분석해 이를 공개했다.

공개된 자료에 따르면 신입사원들의 대기업 취업 평균 스펙은 토익 852점, 학점 3.7점, 어학연수 1회, 자격증 1.8개, 인턴 경험 1.1회, 봉사활동 0.9회, 수상경력 1회 인 것으로 조사됐다. 부문별 취업자들의 스펙을 살펴보면 토익점수는 에쓰오일이 평균 914점으로 가장 높았고 뒤를 이어 SK네트웍스(879점), 포스코(877점), 우리은행(850점), 삼성전자(841점), GS칼텍스(832점), 기아자동차(828점), 현대자동차(823점), LG전자(821) 순으로 집계됐다.

이 기사가 의미하는 바는 무엇일까?

적지않은 대학 혹은 취준생들은 필요 이상으로 스팩을 두려워한다. 학점과 인턴, 봉사 점수 등은 별 문제 없고 단지 약간의 토익 점수가 걸리지만 그도 그리 멀리 있지 않다. 보다 중요한 사실은 각 기업 인사 담당자들의 토로에서처럼 개인과 조직 역량으로 평가되는 인성의 문제다. 더군다나 2015년 교육부는 인성진흥 교육법을 발표하고 머잖아 이

조차 계량화하여 평가에 반영할 참이다. 소통, 인문, 인성 온 세상이 난리다.

2006년, 일군의 인문대 교수들을 중심으로 소위 '인문학 위기'가 선언되고 이후 10년 동안 다양한 인문학 운동이 펼쳐 지고 있다. 텔레비전에서는 온갖 토크쇼나 힐링 프로그램들이 인문학이라는 이름으로 넘쳐나고 전국의 크고 작은 지자체부터 유통업체들의 문화센터에 이르기까지, 여기에 더해 재능 기부란 이름으로 자생적인 인문학 행사가 전국을 도배하고 있다.

그래도 우리 사회의 인문학 부재 현상은 좀처럼 개선될 기미를 보이지 않는다.

2018년부터는 고등학교에서 인문과 이공계열의 구분을 없앤단다. 그 뿐이 아니다. 대학에서는 벌써 프라임이라는 이름하에 인문계와 이공계의 헤쳐모여가 시작됐다. 도무지 뭐가 뭔지 갈피를 잡기 힘들다.

그런 와중에도 청년 실업으로 대표되는 대학 졸업생의 취업 문은 날로 좁아지고 있다. 왜 그럴까?

1998년 IMF를 맞아 당시 김영삼 정부가 슬기롭게 대처하지 못해서일까? 이후의 정권들이 지속적으로 무능해서일까? 부분적으로는 그럴는지 몰라도 보다 근본적인 이유는 그 밑에 있다. 바로 산업사회로부터 정보사회로의 전환이라는 패러다임 시프트가 일어난 것이다. 정보혁명과 실업은 무슨 연관인가? 농업혁명이나 산업혁명 그리고 정보혁명의 공통점은 바로 생산방식의 변화 곧 생산성의 폭발적인 증가다.

과거 기계의 발명과 기술의 발달이 주도하는 산업혁명이 백배 천배의 생산성 증가를 가져왔다면 컴퓨터의 발명과 인터넷의 발달은 천배, 만배의 생산성 증가를 예고한다. 비근한 예로 로봇이나 3D 프린터를 들 수 있다 문제는 인공지능으로 대표되는 미래 기술은 아직 시작조차

하지 않고 있다는 사실이다. 이와같은 폭발적인 생산성의 증가 앞에서는 어떤 고용 정책 어떤 취업 전략도 무기력할 수밖에는 없다. 새로운 세상을 보는 새로운 눈이 필요할 뿐이다.

정신을 바짝 차리고 상황을 분석해 보면 이 모든 혼란의 맥이 잡힌다. 그 맥을 한 장의 도표로 그리면 다음과 같다.

〈도표 1〉 시대별 생산방식의 변화

사회	농업	산업	정보
기반	토지	기계	네트워크
경쟁	노동력	기술	소통
목표	수확	품질	합의

이 책은 소통에 관한 책 그 가운데서도 특별히 설득과 협상에 관한 소통을 위한 책이다. 해서 책 제목이 소통 인문학이다. 소통과 인문학을 합쳐놓은 데는 그럴만한 이유가 있다. '인성의 자기 표현법'이다.

머잖아 인류는 싱귤레리티(Singularity), 곧 임계점을 통과하게 된다. 인공 지능이 인간의 지능을 앞서는 때를 말한다. 전문가들에 따라서 다소의 차이는 있지만 대략 지금으로부터 10년에서 20년 사이이다. 아니, 이미 인공 지능은 우리의 삶 속에 깊숙이 들어와 있다. 맥도널드 패스트푸드점이나 대형 할인 마트에서 종업원을 대신해 인공지능이 장착된 로봇을 배치하고 있는 것이 그 예다.

충분한 기계와 기술의 발달로 인해서 더 이상 품질은 문제가 되질 않는다. 단지 빠르게 변화하고 선택의 폭이 한 없이 넓어지는 그리고 국제화로 인한 다문화가 가져오는 다양성으로 인해서 정작 필요한 기술은 오직 '소통' 뿐이다. 그 소통 중에서도 단순한 정보 전달은 기계가 맡는다. 인간이 해야할 가장 중요한 소통은 인성이 담긴 소통뿐이다. 이것이 소통인문학을 강조하는 일차적인 이유다.

그 표면에는 전문성이 전제되어야 하며 내면에는 진정성이 담보되어야 한다. 인공 지능이 지배하는 미래사회에서 인간이 담당해야 할 소통은 오로지 설득과 협상 영역 뿐이다. 나머지는 기계에 맡겨지고 기술을 따라 갈 뿐이다.

호랑이에게 물리다

우리 속담에 '호랑이에게 물려가도 정신만 차리면 산다'라는 말이 있다. 전기불도 없는 아주 캄캄한 시골에서 마당 밖에 떨어져 있는 화장실에 가 본 경험이 없는 디지털 세대들에겐 전혀 와 닿지 않는 소리지만 그런 상황을 한번 상상해 보자. 본인의 의사와는 전혀 상관없이 등 떠밀리듯 아날로그에서 디지털로 이주해 온 베이비부머 세대들로서는 개인차는 있지만 수긍이 가는 얘기다. 하루하루의 변화가 하도 빠르고 다양해서 도무지 정신을 차리기 힘들다. X세대 이후의 청년층은 비록 어지럽지는 않더라도 기성세대와의 단절로 인한 답답함은 시니어 세대의 두려움 못지않다. 군대의 제식 훈련 가운데 "헤쳐 모여!"라는 구령이 있다. 전체의 오와 열을 재배열해서 정렬하는 연습이다. 이 때 가장 중요한 것은 누가, 어디가 교관의 명령을 받고 오른손을 추켜올리며 구령을 반복하는가이다. 바로 그곳이 새로운 배열의 기준 점이 되기 때문이다. 하지만 오늘 우리가 맞이하고 있는 변화는 마치 안대를 차고 헤쳐

모여 하는 식이다. 몸을 움직이기 전에 소리 나는 방향과 거리를 먼저 가늠해보아야 한다. 무엇으로 짐작할 것인가? 이제껏 쌓아온 자신의 지식과 경험에 의존할 수밖에 없다.

이 장에서는 왜(Why)라는 물음을 반복해 가며 이 혼란의 시대에 소통이 왜 중요하며 소통인문학이란 무엇인지 그리고 어떻게 해야 설득과 협상에 능해질 수 있는지에 대한 자기 점검을 통해서 '설득과 협상을 위한 소통인문학'의 빈자리를 찾아가 보기로 한다. 나의 빈 곳을 먼저 알아야 비로소 채울 수 있기 때문이다.

돈데 보이(Donde Voy)

티시 히노호사(Tish Hinojosa)라는 남미의 여자가수가 불러서 크게 히트했던 노래다. 멕시코 국경을 넘어 미국으로 밀입국하려던 불법 이민자들이 국경 수비대와 수색견들에 쫓겨 정신없이 도망가다가 끝내는 길을 잃은 심정을 표현한, 돈데 보이는 '어디로 가야하나?'라는 뜻이다.

소통인문학에 대한 나름의 정의나 이해에 앞서 필요한 것은 자신에게 소통 내지는 소통인문학이 왜 필요한지에 대한 문제의식이다.

누구나 막연하게나마 소통을 잘 하기를 원한다. 이는 마치 노래를 잘 했으면, 운동을 잘했으면 혹은 돈이 많았으면 하는 바램들과 다르지 않다. 있으면 좋고 없으면 그만이다. 나름의 필요성과 절심함이 우선이다. 취준생이라면 취업의 관문을 위해서 직장인이라면 자신의 업무 분야에 대한 전문성을 키우기 위해, 세일즈 맨 혹은 사업가라면 거래처와의 상담에서 우위를 차지하고픈 욕망 등이 그것이다.

〈그림 2〉 "우리는 어디서 와서 누구이고 어디로 가는가?" 폴 고갱

위의 그림은 고갱이 타이티에 머물면서 그린 것으로 제목이 '우리는 어디서 와서 무엇이며 어디로 가는가?(Where are we from, who are we, where are we going?)'이라는 제법 긴 철학적 의미를 담고 있는 그림이다.

앞서도 지적했듯이 과도기에서 속도보다 중요한 것은 방향성이다. 고갱의 이 그림은 우리의 인생이 어디로 흘러가고 있는지에 대한 방향성을 물어보고 있다.

이 책이 지향하고 있는 바가 철학이나 문학이 아닌 사회성에 있는 만큼 앞으로 우리 사회는 어디를 지향하는가에 대한 물음과 해답이 무엇보다도 중요하다. '앞으로'는 미래다. 예측의 영역이다. 정답은 없다. 전적으로 자기 판단에 속하는 문제다. 인생은 단 한번 뿐이며 전적으로 나의 것이다. 누구를 탓할 수도 원망할 수도 없는 노릇이다. 해서 이 사회에서 가장 필요한 능력이라면 바로 미래 예측력이라고 할 수 있다. 빠르게 변할뿐더러 방향성을 예측하기 힘들기 때문이다.

과거를 돌아보면 확연히 알 수 있다. 농업사회의 생산성은 전년 대비 고작해야 5내지 10% 수준이다. 유전 공학은커녕 과학이 발달하지 않고 전적으로 하늘과 노동력에만 의존하던 시절이다. 이후 산업사회에 들어와서는 흔치는 않지만 가끔씩 기술 혁신(Innovation)에 의해 20% 많게는 30%의 생산성이 늘어났다. 그러던 것이 정보사회에 들어와서는 전혀 양상이 달라졌다. 우리들이 없으면 하루도 못 살 것 같은 페이스북이나 카카오톡 등은 기업 수명이 얼마나 됐을까? 길게 잡아서 네이버나 애플 혹은 마이크로 소프트까지 거슬러 올라가도 이들 기업의 역사는 고작 수십 년 안팎이다. 하지만 이들의 규모나 영향력은 100년이 넘은 굴지의 기업들 이를테면 자동차의 포드나 항공사의 보잉은 물론 코카콜라, 맥도널드 등을 크게 앞지른다. 그런가하면 노키아처럼 한 나라 경제 규모의 수십 퍼센트를 점하던 기업들이 하루아침에 사라져 버리기도 한다. 이 글을 쓰고 있는 지금 유력 일간지 1면에는 삼성전자의 위기를 알리는 기사로 가득 채운 글이 눈에 들어온다(조선일보 2016년10월 13일자). 정보사회에 들어서 발전과 변화의 궤적은 과거 농업사회의 직선적이지도 산업사회의 포물선 적이지도 않다. 그것은 마치 바람을 잔득 불어넣고 허공에 놓아버린 풍선마냥 어지러운 곡선을 그린다. 마치 바람을 타고 나는 종이비행기 같기도 하고 피어오르는 담배 연기 같기도 하다. (물론 새롭게 각광받는 복잡계 과학에서는 이러한 예측 불가능 할 것 같은 궤적도 함수화하려고 노력 중이다. 복잡계에 관한 얘기는 필자의 또 다른 책들을 참고하기 바란다[7].)

4D프린터라든지 인공지능(Artificial Intelligence)과 같은 기술들이 단기적으로 우리를 어디로 데려갈지는 예측하기 어렵다. 하지만 좀 더 거리를 두고 멀리서 바라보면 농업사회로부터 산업사회를 지나 정보사회를 관통하는 궤적을 그려볼 수 있고 그 끝은 '영성(Spirituality)' 혹은 '온전함(Integrity)'을 지향하고 있음을 예견할 수 있다.

---

7) 김일철(2014),"복잡계 광고", 커뮤니케이션 북스; 김일철(2014),"복잡계 PR", 커뮤니케이션 북스

영성(Spirituality)시대의 개막

소통이 소통학을 넘어 소통인문학이라는 이름으로 진화하는 이유는 디지털의 발달과 무관하지 않다. 애초에 소통(communication)은 전적으로 비 기계적인 면대면이 전부였다. 그 당시는 생업(business)과 생활(humanism)이 구분되기 이전이다. 그러던 것이 산업 혁명에 의해 교통과 통신이 발전하면서 소통은 전화와 같은 통신 수단을 통해 면-기계-면으로 생업은 매체(media)를 통한 대중 전달(mass communication)로 그리고 생활은 면대면과 혹은 면-기계-면에 의한 전달(demass communication)로 분화되었다. 저널리즘이 본격화 되면서 소통은 소통학으로 발전한다. 이후 정보사회에 들어서면서 대량은 탈대량화를 통해 양적 팽창은 유지한 채 개별적(individual), 개성적(personal)소통을 가능하게 한다. 동시에 상업적 메시지와 비상업적 메시지의 간격이 벌어진다. 네티켓(netiquette)이니 이모티콘(emoticon)이니 하는 방식으로 개성적 소통에 인문학적 소양 내지는 인성을 담아내려고 하지만 역부족이다. 이들을 체계화하고 질서를 제공하며 합리적 논거를 구축하는 것이 바로 소통인문학의 역할이고 그것이 적절히 정리되면 곧, 정의라고 할 수 있다. 그리고 그 소통인문학은 기업측면의 비즈니스 커뮤니케이션이나 개인적인 휴먼 커뮤니케이션 모두가 영성 내지는 온전성을 지향하기 시작했다는 사실이다.

분해하면서 살해하다

애초 인간의 삶은 온전한 상태였다. 자연의 일부로 자연에 순응하며 살아왔다. 하지만 왓슨의 증기기관의 발명(1776)을 기치로 인간의 생활 방식에 일대 변혁이 일어난다. 이름하여 산업혁명이다. 이때로부터 생산성 향상이라는 이름하에 끝없는 분업이 자행되기 시작한다. 공정을 쪼개고 또 쪼개서 생산 시간과 비용을 낮추는 작업이다. 한 때 영국에서는 방직공장에서 직공들이 생산라인을 떠나지 못하도록 쇠사슬로 발목을 묶어놓기까지 했다고 한다. 생산성이 비용을 낮추는데 기여한 것은 사실이다. 일예로 1906년에 생산하기 시작한 포드 자동차의 T 모델 같은 경우 경쟁사들이 대당 2~3000불 할 때 850달러에 불과했고 1920년대에 들어서는 300달러 수준까지 낮아졌다. 물론 이로 인한 후유증은 심각하다. 앞서 지적한 노동자들에 대한 착취 외에도 매연 등 환경오염의 폐해를 들 수 있는데 영국 런던의 경우 1952년에서 이듬해 봄 사이 호흡기 질환으로 인한 사망이 1만명을 넘어선 기록이 있다.

이런 심각한 문제에도 불구하고 비용을 낮추기 위한 분업화는 멈추지 않았다. 분업을 위한 엄격한 세 가지 기준 곧 3S란 단순화(simplification), 표준화(standardization), 그리고 전문화(specialization)를 의미한다. 문제는 이런 분업 내지는 분해 과정을 거치는 동안 살해를 저지른 것이다.

정보사회에 들어서면서부터 사회 전 분야에 걸쳐 통합, 융합, 통섭의 목소리가 커지고 있다. 분업의 폐해를 자각하기 시작했기 때문이다. 생산성이란 이름으로 지나치게 파편화된 조직은 과거보다 비대해졌지만 구성원들 사이에 전혀 소통이 되질 않는 것이다. 각자의 업무가 지나치게 단순화, 표준화 그리고 전문화되었기 때문이다. 해서 기업들은 서둘러 통합(integration)을 외쳐대기 시작한다. 그러나 봉합해도 예전 같지가 않다. SNS로 상징되듯 소통을 위한 기계적, 기술적 환경은 이전보다 훨씬 더 개선되었음에도 불구하고 불통의 소리가 높다. 비로소 환원주의(reductionism)의 한계에 도달했음을 깨닫기 시작한다. 환원주의란 무엇인가? 갈릴레이로부터 뉴턴에 이르는 근대과학에 바탕 한 기계론적 유물론은 전체는 부분의 합이라는 주장이다. 우주는 마치 잘 만들어진 손목시계와도 같아서 부품을 잃어버리지 않는 한 해체했다가 다시 조립하면 원래대로 작동한다는 것이다. 그런데 다시 조립을 해 놔도 시계는 돌아가지 않는다. '부분의 합은 전체에 모자란다(The sum of parts is less than the whole)'는 고백을 하기에 이른 것이다. (이것이 앞서 말한 복잡계의 등장 배경이다). 해서 통합이 아닌 융합이나 통섭이니 하는 신조어들을 들이 밀지만 모두가 말장난에 불과하다. 중요한 사랑은 우리가 분해하면서 살해했다는 것을 깨닫는 것이다. 곤충을 삼등분하면 머리.가슴.배가 정답이지만 넌센스 퀴지에서는 죽.는.다.가 답이다. 우리는 분해하면서 그 안에 내재된 가치를 절단하고 생명을 앗아가 버렸다. 이제 그러한 가치 회복과 생명운동이 발아하기 시작한다. 이제껏 기업들이 외쳐댔던 '기업의 사회적 책임(Corporate Social Responsibility: CSR)'이나 나아가 '공유 가치 창출(Creating the Shared Value: CSV)'과 같은 경영혁신 노력은 그 원형인 가치와 생명, 마케팅 그루인 필립 코틀러(Philip Kotler)가 주장하는 영성 마케팅(Spiritual Marketing) 혹은 미래학자 다나 조하르(Danah Zohar)의 영적 자본주의(Spiritual Capital) 내지는 필자가 제시하는 온전한 소통(Integrity Mediated Communication)으로 이어져야 하고 또 이어져 갈 것이다.

따라서 비즈니스 커뮤니케이션에서도 응당 진정성이 담보된 소통이 불가피하다. 이제까지는 상당수 기업들이 소리만 '사회적 책임'이니 '착한 기업'이니 하고 광고와 홍보에 열을 올렸지만 이제는 만인이 미디어인 시대다. 청와대 내부에서부터 기업 총수의 사생활에 이르기까지 사실을 숨기고 진실을 오도하는 짓은 그야말로 손바닥으로 하늘 가리기다. 산업사회의 경쟁력이 기계를 바탕으로 하는 기술적 우위에 있었다면 정보사회의 그것은 소통에 기반 한 이해집단 혹은 개인들과의 합의가 곧 경쟁력이기에 소통인문학은 전방위적으로 필요하다.

앞서 논의한 상업적 소통(business communication)을 제외한 모든 소통은 비상업적으로 분류할 수 있다. 하지만 엄밀히 따지고 들면 상업과 비상업의 구분은 모호하다. 다니엘 핑크가 주장하듯(To sell is human) 인간사 자체가 재화나 서비스를 거래하는 상업이 아니더라도 자신의 의견이나 주장을 상대방에게 전달하고 이해나 지지를 획득해야 한다는 점에서는 모두가 거래에 속한다고 볼 수 있기 때문이다. 해서 비상업적 혹은 개인 간 소통의 지향점 또한 온전함(Integrity) 혹은 영성(Spirituality)을 지향한다고 볼 수 있다. 근자에 들어서 착한 혹은 진정성과 같은 단어들이 자주 등장하고 인문학이 인기를 끄는 이유도 이와 무관하지 않다.

온전함에 앞서 사회적 혹은 영성에 대한 부연 설명이 필요하다. 우리 사회 내에 부분적이나마 이들 단어들에 대한 편견이나 오해가 있기 때문이다. 먼저 사회적 기업, 사회적 자본 내지는 사회적 경제의 '사회적'에 관해서 돌아보자. 일제 강점기에 등장, 동경 유학생을 중심한 젊은 층의 관심을 끌었던 사회주의는 이후 한국 전쟁을 거치면서 공산주의와 혼합되어 얼마 전까지만 해도 적어도 우리사회의 일부 보수층에게 이 용어는 용공좌파 내지는 종북 세력의 이념 내지는 사상으로 격원시 되던 표현이다. 그러던 것이 얼마 전부터 정부에서 앞장서서 사회적 경제를 주창하고 사회적 기업을 육성, 후원하는 정책을 펼치기 시작한다. 이 과정에서 적어도 우리가 알고 있던 혹은 오해하고 있던 사회주의 내지는 '사회적'에 대한 충분한 설명 없이 어느덧 친숙한 일상용어로 우리 곁에 다가왔다. 앞서 인용했던 다나 조하르의 영적 자본(Spiritual Capital)이라는 책에 의하면 물적 자본이 영적 자본으로 성장하는 과정에서 반드시 거치게 되는 중간 단계가 바로 사회적 자본이다. 이는 네덜

란드나 덴마크, 스웨덴과 같은 북구 유럽의 국가들이 사회적 기업에 의한 사회적 경제가 원활이 작동하고 있다는 사례에서 확인 할 수 있다. 물론 유럽은 북미와는 다소 상이한 자본주의를 거쳐 왔다. 하지만 더 중요한 사실은 이들 나라들의 개인당 국민 소득(GDP)이 5만 불을 훨씬 상회하는 선진국이라는 점이다. 개인의 소득이 행복과 절대적으로 비례하는 한계점이 5만 불이다. 이 지점을 넘어서면 소득이 늘어나더라도 행복이 동일하게 비례하지는 않는다는 것이다. 해서 이들은 기꺼이 사회적 문제 해결이나 개선에 동참할 수 있다. 내가 구매하는 회사의 제품이나 서비스가 환경이나 소득 격차, 교육 기회 균등과 같은 사회 문제에 기여한다면 그 비용의 일부를 자발적으로 분담한다는 것이다. 이런 관점에서 우리나라는 아직 개인당 국민소득이 그 수준에 크게 미치지 못하고 있다. 그럼에도 정부는 왜 사회적 경제를 권장하고 사회적 기업과 자본을 육성하려는 걸까? 그곳이 우리사회가 나아가야할 방향이요 목표점이기 때문이다. 이런 점에서 개인의 소통 또한 영성을 지향할 것이라는 예측을 할 수 있다. 여기서 다시 부분적인 종교적 오해를 불식시키기 위해 덧붙인다면 영성 혹은 영적이라는 단어는 기독교와 같은 종교에만 국한된 용어가 아니라는 사실이다. 영성이 완전하게 회복되면 비로소 온전성에 이르게 된다. 분업으로 인한 분할이 가져온 가치의 몰락이 회복되고 죽은 생명이 부활하는 온 생명의 시대가 인류 궁극의 지향점이다. 개인이건 조직이건 사적이건 공적이건 모든 소통에 진정성이 전제되어야 하는 이유다. 이것을 일컬어 곧 소통인문학이라고 할 수 있다.

치유인문학의 시대

장르를 불문하고 온갖 종류의 강좌에 사람이 몰린다. 그 주제가 3D 프린터나 드론 혹은 인공지능과 같이 미래에 관한 것이든 뇌과학이나 대체의학과 같은 생명공학 분야든 세계사나 한국사를 다루는 역사든 빅데이터, 인지, 진화 등등 분야를 가리지 않고 방청석이 차고 넘친다. 어느 날 갑자기 대한민국 국민 모두가 공부를 해야겠다고 대오각성이라도 한 것일까? 외신을 뒤져보아도 테드(TED)와 같은 토크쇼 프로그램들이 없진 않지만 지금 이 땅에 몰아닥치는 열기에는 한참 뒤떨어진다. 그렇다면 우리는 지금 왜 인문학에 몰입하는 걸까? 피상적으로는 앞서 논의한대로 인문학 교수들이 주도한 인문학의 위기 선언과 기업들이 수요로 하는 인재들의 인성적 결핍에 기인한다. 하지만 이것 가지고는 충분하지 않다. 좀 더 거시적으로 살펴보자. 반세기 이상 끌어 온 이념 대립에 의한 분단국이라는 불안하고 불안정한 상황 때문일까? 4대 강국을 비롯 열강들의 틈바구니에 놓인 위기의식 때문일까? 20년 가까이 벗어나지 못하고 있는 일인당 국민소득 3만불의 벽에 묶여서 선진국을 향하지 못하는 열등의식인가? 인공지능으로 대표되는 눈부신 과학의 발달에 압도당했기 때문일까? 거세게 불어 닥치는 인구 변화로 인한 고령화 문제, 저 출산 문제, 대학 입학 충원 부족 문제 등 때문일까? 이혼과 독신이 늘어나 1인 가정이 전체의 1/3에 육박하는 탈 가족화가 원인일까? 헐벗고 굶주림을 참아내고 자식을 키워 온 부모세대와 배고픔이 뭔지 모르고 성장한 자녀 세대 간의 충돌 때문일까? 대한민국 어디를 가도 넘쳐나는 외국인 노동자들로 인한 급격한 다문화가 단초일까? 정치, 경제, 사회, 문화, 예술, 이도저도 아니라면 도대체 무엇 때문에 우리는 인문학과 인문학 강좌에 매달릴까?

압축 성장으로 인한 후유증을 치유하는 카타르시스의 과정이다. 해방 후 불과 반세기 만에 우리의 외형은 그것이 정치형태든 기업구조든 의식주를 망라하는 사회생활이든 북미나 서구 유럽의 그것과 별반 다를 게 없어 보일만큼 성장했다. 하지만 과정과 단계라는 절차를 뛰어 넘었다. 시행착오에는 간극이 발생한다. 이러한 간극은 불필요하고 낭비인 듯 보이지만 그 과정에서 자신에 대한 반성과 상대방에 대한 이해가 숙성된다. 허기진 배를 채우고 말끔하게 차려 입었지만 뭔가 공허하다. 물질만으로는 채워지지 않는 빈자리가 느껴진다. 남들은 어떨까 해서 SNS에 들어가 보면 처음에는 모두가 나보다는 나은 듯싶고 나만 뒤쳐진 느낌이었다. 하지만 이내 페이스북(Face Book)을 페이크북(Fake Book)이라고 희화화하듯이 남들도 나처럼 허전한데 짐짓 아닌 채할 뿐이라는 걸 알아차리고 나선 한편으로는 위로가 다른 한편으로는 더 큰 허전함에 빠져든다. 이러한 허기를 메우려는 노력이 인문학 나아가 치유인문학이다. 치유인문학은 철학 상담과 문학치료, 그리고 역사치료 등으로 나눌 수 있다[8] 구체적으로는 철학치료나 실천 임상철학, 그리고 독서치료나 글쓰기 혹은 스토리텔링 작업, 역사 문호 탐방 등이 이에 속한다고 할 수 있다. 세간에 넘쳐나는 온갖 종류의 인문학 강좌는 대략 이러한 범주에서 크게 벗어나지 못하고 있는걸 보면 작금의 인문학 열풍은 치유인문학의 일환으로 풀이할 수 있다.

그렇다면 소통인문학은 치유인문학과 어떻게 구별할 수 있을까? 앞서 소개한 김시천의 책(미래인문학 트랜드, 2016)에 보면 치유인문학 외에 의료, 신경, 생명, 진화 등과 영상, 디지털, 빅데이터 그리고 음식과 경제 등이 인문학을 뒤에 달고 등장한다. 용어만 다를 뿐 이들은 하나같

---

8) 김시천기획, 박은미(2016),"미래인문학 트랜드", 아날로그

이 인간으로서의 실존적 고민에 대한 해답을 찾기 위한 구도의 몸짓이다. 이는 마치 산자락에 둘러서서 누구는 골짜기에서 누구는 능선에서 또 누구는 계곡을 따라 산을 오르려는 것과 마찬가지다. 과정이야 다를지라도 중도에 포기하지만 않는다면 모두가 손바닥만한 정상에 이르게 될 것이다. 그 과정에서 자기 자신과 혹은 타인과 일대일이건 일대 다수로 연결되는 양상이 곧 소통인문학이라고 할 수 있다. 때로 다른 길을 가는 나뭇가지 저 편의 타인의 입장을 헤아리고 자신의 생각을 투영해 봄으로써 자기중심적 사고에서 벗어나고 타인 지향적 관점을 습득하기 위한 해체가 일어난다. 이러한 변화는 앉은 채로 혹은 눕거나 서서는 결코 일어나지 않는다. 심장이 터질 듯한 자신의 거친 숨소리가 자기의 귓전에 울릴 때에만 비로소 들을 수 있고 흐르는 땀방울에 눈시울이 따가와 질 때라야 볼 수 있다. 해서 소통인문학은 자발적인 자기 노력과 참여를 전제로 한다.

III

소통인문학 어떻게 하나?

소통인문학 어떻게 하나?

소통에 관한 테크닉, 구체적으로는 호흡이나 시선, 손발 등의 동작 혹은 문서를 작성할 때의 요령 아니면 프리젠테이션 기법 등등의 기술적 요소들은 매우 다양하다. 그리고 이들에 관한 자료는 굳이 강의를 듣거나 책을 펼치지 않더라도 인터넷 상에 무수히 떠돈다. 나아가 테드(TED)와 같은 탁월한 토크 쇼들이 온라인상에 차고 넘친다. 따라서 그런 기술적인(technical) 부분들은 이 책에서는 다루지 않는다. 소통학이 아닌 소통인문학이니 만큼 비언어적 혹은 인지학적이나 심리적인 분야 이를테면 나의 정체성을 어떻게 수립하고 여하히 라포르(rapport)를 형성해 갈 것인가 등이 이 책의 중심 과제라고 할 수 있다. 어떻게 하는가에 관한 방법론은 소통인문학에서는 그다지 중요하지 않다. 이는 앞서의 왜(Why)라는 물음에 답할 수 있으면 그것으로 족하다. 왜는 단순한 의문이 아닌 자신의 동기와 가치를 의미한다. 본인이 절대적으로 믿고 확신하는 바라면 다시 말해서 절실함과 진정성이 담겨져 있다면 기술적인 방법은 섣불리하면 기교로 전락될 수 있기 때문이다. 주희의 소학을 우리말로 풀이한 소학언해에 보면 '말만 익은이(잘하는 사람)를 벗하면 해로 우니라'고 적혀 있다. 말도 잘해야 하지만 말만 잘하는 것은 극히 위험하다고 할 수 있다. 자기주장에는 적어도 자기의 논리와 정당성이 전제되어야만 한다.

의지가 어디에 있나?

데이트를 앞두고 시계만 쳐다보고 있는 선남선녀에게, 자식 문제로

퇴근 후 담임선생을 만나기로 한 부장에게, 검진 결과가 나왔으니 병원으로 들르라는 주치의의 연락을 받은 임원에게 업무 지시를 하거나 결재를 받아본 적이 있는가? 어려운 일이다. 우리가 자주 인용하는 고사성어 가운데 지피지기(知彼知己)라는 표현이 있다. 상대방을 알고 나를 알면 백번 싸워도 지지 않는다(가 아니라 원본에는 위태롭지 않다; 百戰不殆가 맞는 표현이다)는 것이다. 손자병법에 나오는 말이다. 이 말은 근본적으로 틀렸다. 적어도 인문학적 소통에서는 그렇다. 지피지기가 아니라 지기지피가 옳다. 우리는 자신의 인생관 곧 가치관이 어떠한가에 따라서 상대방을 평가하지 상대방에 따라서 나의 신념을 달리 하지 않는다. 물론 단기적 이득이나 처세를 위해 그럴 수는 있으나 이는 결코 근본적인 처방이나 전략일 수 없다. 해서 중요한 것은 내가 어떤 생각, 어떤 의지의 사람인가에 대한 자기 점검이 우선되어야 한다. 이에 관해서는 본인의 저서9가운데 일부를 인용해서 논의해 보기로 한다.

프로이드, 아들러, 프랭클은 각기 쾌락(Pleasure)과 권력(Power) 그리고 의미(Meaning)를 통해서 인생의 방향을 결정짓는 의지(Will)가 어디에서 비롯되는가를 풀이한다.

먼저, 프로이드(Sigmund Freud: 1856~1939)의 쾌락 원리에 따르면(Pleasure principle)인간은 오직 희열과 쾌락을 추구하며 고통이나 불편을 회피하는 삶을 시작한다는 것이다. 비록 어린이는 자라면서 눈앞의 희열을 때때로 억제해야만 한다는 것을 배우게 되는데, 이때 현실원리(Reality principle)가 모습을 나타내기 시작한다. 이후 인간은 평생 양자 사이에서 갈등을 겪는데, 건전한 자아(ego)는 쾌락원리의 여지를 다소 남겨놓은 채 현실원리에 집착하려 노력한다고 한다(사회복지학 사전). 쾌

9) 김일철, 유지희(2014), "스토리두잉:인문학 시대, 대중의 마음을 여는 소통의 기술", 컬쳐그라피

락이라는 단어가 주는 어감이 다소 거친 맛은 있지만 결국 삶의 궁극의 가치를 희열을 좇는 데 두는 것은 나름 의미가 있다. 프로이드와 동 시대를 살다 간 호이징아(John Huizinga: 1872~1945)가 인간을 '놀이하는 동물(Homo Ludens)'로 정의하는 것도 이러한 맥락에서 수용이 가능하다. 공자가 '아는 게 좋아하는 만 못하고 좋아하는 게 즐기는 만 못하다(知之者 不如好之者 好之者 不如樂之者)'고 한 얘기 또한 여기서 크게 멀지 않다. 스토리텔링은 이러한 요소를 담고 있다.

다음으로 프로이드의 제자이며 '개인심리학(individual psychology)'의 창시자로 알려진 아들러(Alfred Adler:1870~1937)는 프로이트가 지나치게 유아기적 성을 강조하는 데 비해서 인간은 자기실현을 위하여 합목적성을 추구하는 존재라는 점을 강조한다. 인간은 생후 유아기 시절의 무력한 상태와 열등상태에서 시작하여 그 열등의식을 극복하고 우월성과 힘에의 의지를 추구하는 데서 행동이 나타나고 인격이 발달한다는 것이다. 즉, 성격발달에 있어서 우월하려는 마음과 권력추구가 더 중요한 역할을 한다고 보았다. 아들러에 의하면 열등감 때문에 권력으로 향한 의지가 자극되며, 열등감에 대한 보상으로 우월함을 얻으려고 노력한다는 것이다. 프로이드가 쾌락원리와 현실원리 사이의 균형을 지적한 데 비해서 아들러는 열등감과 이를 극복하려는 우월성에의 노력으로 인간 의지를 파악한 것이다. 스토리텔링의 구조가 쾌락을 넘어서 클라이맥스의 희열을 좇는 것은 우리의 마음이 아들러에게 동조하기 때문이다.

세 번째로 빅터 프랭클(Viktor Frankl: 1905~1997)이 아우슈비츠에서 살아남을 수 있었던 것은 모든 것을 빼앗기는 극한 상황에서 조차도 개인이 갖는 실존의 의지와 자유는 박탈 할 수 없음을 보여준다. 그가 창안한 의미요법(Logotherapy)은 현대인이 비록 생존수단은 가지고 있으나 생활에 의미를 가지고 있지 못한 경우가 많은데, 이러한 무의미가 곧 실존적 공허라고 할 수 있다. 이러한 공허를 질병이라고 보고 일, 고통 사랑을 통해서 의미와 목적을 찾도록 해주는 것이 의미요법이라고 할 수 있다. 따라서 매사에 의미를 찾거나 부여하는 일이 중요하다. 앞서의 쾌락이나 성취도 거기에 적절한 의미가 수반되지 않는다면 단지 공허 할 뿐이다. 적잖은 이들이 돈이나 명예 혹은 권력을 차지하는 자리에 앉고 나서도 만족이나 행복해 하지 못하는 것은 이러한 의미 부여가 잘못되었기 때문이다. 이렇듯 인간은 의지가 어디를 향하고 무엇을 추구하느냐에 따라서 그 삶을 달리 한다. 굳이 종교적 혹은 사상적 신념까지는 아니더라도 자신이 추구하는 가치에 따라서 보는 것도 듣는 것도 생각하는 것조차도 달라질 수 있기 때문에 나의 가치를 토대로 상대방의 의지를 파악하려고 노력하는 것이 소통인문학의 첫걸음이라고 할 수 있다.

이러한 시각에서 소통의 다양한 방법을 각기 읽기와 쓰기, 듣기와 말하기의 관점에서 점검해 보고 나아가 대인간 소통에 대해서 논의해 보기로 하자.

읽기

읽기는 곧 '낭독'이다. LTE 광고를 보면 G2, G3, G4등의 빠르기 성능을 비교하면서 고속도로 이야기가 나온다. 2차선 도로보다는 3차선, 4차선이 빠를 수밖에 없다는 주장이다. 소통 또한 마찬가지다. 소통의 경로는 5감이다.(때로 6감이 작동하지만 영감이나 직관 혹은 통찰에 관한 이 영역은 다음에 다루기로 하자) 보고, 듣고, 냄새와 맛 그리고 촉감이 그것이다.

나는 학생들에게 공부할 때 요란하고 시끄럽게 할 것을 주문한다. 가만히 손내리고 앉아서 눈으로만 책을 읽는 것은 5차선 도로를 마치 1차선처럼 조용히 움직이는 것과 같다. 눈으로 읽으면 귀로 들린다. 손으로 쓰면서 그 때의 상황을 도서관이건 강의실이건 사진처럼 함께 기억하려고 노력한다. 자폐증에 걸린 아이들의 아이큐는 일반인을 훨씬 뛰어넘는다. 연구에 따르면 이들은 매 순간을 마치 카메라로 사진을 찍듯 통체로 저장해서 기억한다는 것이다.

특히 읽는다는 것은 운율 곧 리듬을 타는 것을 의미한다. 운율은 시에만 있는 것이 아니라 본디 매끄러운 문장은 나름의 운율을 갖고 있게 마련이다. 남들이 혹은 자신이 쓴 글이 잘 됐는지 여부는 한번 소리 내어 읽어보면 금방 알 수 있다.

요즘 사람들이 책읽기를 꺼려하는 데는 몇 가지 이유 혹은 변명이 있는 데 이를테면 1) 웬만한 지식이나 정보는 인터넷에 다 있다. 2) 책을 읽는 데 너무 시간이 오래 걸린다. 3) 읽어도 금세 까먹어서 제대로 써먹질 못한다 등이다. 물론 위키피디아나 신지식인에 들어가면 지금 당장 알아야할 것들은 거기에 다 있다. 문제는 이것들이 지나간 문제는 풀어줄 수 있지만 다가오는 문제에는 속수무책이라는 거다. 창의성을 발휘하는 데는 별 도움이 안 된다는 말이다. 굳이 이 정부에 들어서서 창조경제니 창조경제과학부니 하는 슬로건이나 정부 부처를 들먹이지 않더라도 미래사회의 최대 경쟁력이 창의라는 데 이의를 제기할 사람은 별로 없을 것이다. 이러한 창의는 머릿속에서 나온다. 손에 쥐고 있는 스마트폰에서 제공하는 정보도 물론 중요하다. 하지만 경쟁력은 머릿속에 저장된 수준을 결코 넘어설 수 없다. 물론 독서에는 엄청난 시간과 인내력을 요한다. 디지털의 빛의 속도로 움직이는 세상에서 책을 읽기란 마치 백미터를 죽어라 달려 온 사람에게 풍선을 불게 하거나 노래를 시키는 것과 마찬가지로 힘겨운 일이다. 그렇기 때문에 이를 이겨내고 책읽기에 몰입한 사람이 더욱 경쟁력을 갖는 세상일 수 밖에 없는 것이다. 읽기에 앞서 호흡 조절이 필요하다. 많은 사람들이 이 조절 단계 다시 말해서 준비 과정을 넘어서지 못한 채 손에 들었던 책을 집어던진다. 명상이든 음악 듣기든 혹은 책상 정리든 책에 몰입할 수 있기까지의 준비 과정을 거치는 것이 필요하다. 그리고 책은 시간과 장소 혹은 기분에 따라서 읽어지는 주제나 난이도를 달리한다. 지금 전공 서적을 읽기로 했는데 진도가 나가질 않으면 역사책이나 소설책 같은 문학 서적으로 바꿔 볼 수도 있다. 나는 비행기를 탈 때도 다양한 장르의 책 두세 권을 갖고 좌석에 앉는다. 어떤 책이 잘 읽혀질지 나도 모르기 때문이다. 집에도 장소마다 여러 종류의 책을 늘어놓는다.

두 번째로 읽어봤자 기억이 나질 않기 때문에 아예 안 읽는다는 볼멘소리도 자주 듣는다. 당연한 일이다. 웬만한 천재가 아니고서야 어찌 읽은 것을 다 기억할 수 있겠는가? 문제는 그러한 부분들이 모여서 기억을 새롭게 한다는 사실이다. 보통 사람은 뇌의 10~15% 정도 밖에 쓰질 못한다고 한다. 그렇다면 나머지 80%는 무용지물인가? 아니다. 한 가지 예를 들어보기로 하자. 평지에서는 걷는데 50센티미터 정도의 넓이면 충분하다. 하지만 이를 높이 1미터쯤 상공에 올려놓은 널빤지라고 가정하고 한 번 걸어보자. 조심스럽지만 걸을 만하다. 높이를 2미터, 5미터쯤으로 높이면 어떨까? 웬만한 강심장이 아니고서야 다리가 후들거리게 마련이다. 무슨 차이일까 내가 걷는데 필요한 폭은 여전히 50센티면 충분한데 나머지 불필요한 면적이 왜 높이 올라가면 필요해지는 걸까? 우리 뇌의 15%가 제대로 작동하기 위해서는 나머지 80%의 여유 공간이 소요되는 것과 같은 이치다. 더 나아가서 훈련을 반복하면 15%의 사용 중인 뇌와 80%의 나머지 뇌가 상호 연결(integration)되어 상승효과를 낼 수 있다.

쓰기

일상생활이 완전히 컴퓨터화한 요즘엔 학교에서 시험을 치거나 관공서에서 서류를 작성하는 일 빼고는 연필이나 펜을 들고 글을 쓰는 일은 여간해선 드물다. 또한 쓰기는 읽기보다도 체력적으로 더디고 힘들다. 이대로 가다가는 글쓰기 자체를 잊어버릴지도 모를 일이다. 그럼에도 쓰기를 지속해야만 하는 이유는 무엇인가? 쓰기는 구상이고 정리이며 기록이다. 시인 미당 서정주는 항상 연필을 손수 깎아서 시를 짓는다고 한다. 연필을 깎는 동안 시심을 가다듬는 거다. 곧 구상의 단계다. 누구라도 글을 쓸 때면 남의 글을 베끼지 않는 한 머릿속에서 생각의 과정을 거치게 마련이다. 우리의 생각은 과거의 후회나 미래의 염려를 거둬내면 생산적 혹은 발전적 생각을 할 기회가 매우 드물다. 고작해야 학교에서 팀별 과제물을 위한 모임이나 회사에서 부서별 혹은 관련자별 회의를 할 때뿐이다. 쓰기는 생각 곧, 구상을 돕는다. 그리고 이러한 구상을 정리하는 과정이 또한 쓰기다. 떠오르는 생각을 정리하는 동안 생각은 더욱 더 구체화되고 완성되기 마련이다. 특히 요즘과 같이 텍스트뿐만 아니라 오디오와 비디오 등 동영상과 나아가 3D에 의한 표현기술이 발달한 상황에서는 전달의 출발점은 곧 쓰기일 수밖에 없다. 쓰기 가운데 특별히 토니 부잔 등에 의해 시작된 마인드 맵(Mind Map)을 추천한다. 이는 간단히 말하면 그림일기와도 같다. 본래 인류는 글자를 발명하기 전 그림으로 소통했다. 알타미라 벽화의 동굴에서 울산 반구대의 암각화 등은 선사시대에서 신석기 시대에 이르는 조상들의 삶의 방식을 여실히 보여준다. 그러던 것이 구텐베르그의 활자 발명 이후 모든 기록은 글씨에 의존하게 된다. 이는 우리의 사고를 선형적(linear)으로 제한한다. 글을 읽으려면 반드시 좌에서 우로(한자나 아랍어처럼 우에서 좌로 읽는 경우도 있지만) 그리고 위에서 아래로 차례대로 훑어 내려와야만 한다. 조선시대 임금의 행차는 수 천명이 앞뒤로 도열하고 그 거리가 몇 킬로미터에 달하며 신분과 역할에 따라서 복장도 제각각이다. 이를 설명하기 위해서 책을 쓴다면 족히 수백 페이지에 달하며 설사 이를 읽어도 얼핏 머리에 그려지지 않는다. 하지만 박물관에 가서 아래의 그림[10]을 보면 쉽사리 임금의 외출 풍광이 머리에 그려진다.

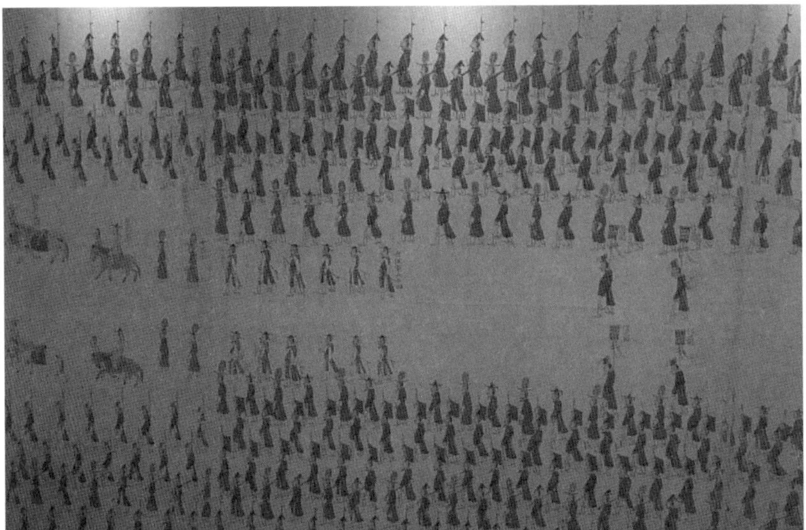

〈그림 3〉 정조 임금 화성 행차도(일부분)

10) 정조대왕 화성행행반차도(正祖大王華城幸行班次圖) 그림의 일부로 조선 22대 왕 정조가 어머니 경의왕후(敬懿王后;혜경궁 홍씨)의 환갑을 기념하여 아버지 장헌세자(莊獻世子;사도세자)가 묻힌 화성 현륭원(顯隆園)으로 행차하는 모습.

본디 총체적(holistic)으로 하던 우리의 사고방식이 선형적일 수밖에 없어졌다. 하지만 멀티미디어가 구현하는 인터넷 세상은 다시 종합적 사고를 요구한다. 더욱이 정보의 폭발과 시간의 압축은 짧은 시간에 많은 정보를 파악할 수 있어야 한다. 앞으로 기업과 같은 조직생활에서 요구되는 가장 중요한 자질가운데 하나는 바로 이 발췌(aggregation)능력이다. 위로 올라갈수록 봐야할 서류와 결재는 쌓이게 마련이다. 수십 수백 페이지에 달하는 보고서나 리서치 결과를 여하히 한두 장으로 정리 곧, 축약(Executive Summary)할 수 있느냐가 곧 그 사람의 능력이 되는 것이다. 세 번째로 쓰기가 갖는 중요성은 기록에 있다. 디지털 세상의 특징가운데 하나는 직업이나 하는 일들의 다양성이다. 과거 산업사회는 직업의 종류가 한정되어 있어서 직함을 보면 쉽게 그 사람이 무슨 일을 하는지 알 수 있었지만 요즘엔 명함을 받아 들고도 쉽사리 상대방이 무슨 일을 하는지 알기 어렵다. 이럴 때 내가 하는 일을 가장 빠르게 알릴 수 있는 방법이 내가 쓴 기록물이나 결과물이다. 미국의 경영 컨설턴트들 사이에서는 오래전부터 '글을 쓰거라(혹은 책을 출간 하거라) 아니면 망하게 될 것이다'(Publish or Perish)는 명제가 유행하고 있다. 컨설팅 회사의 임원이나 수석 컨설턴트들이 온갖 종류의 경영 혁신 책들을 앞 다투어 발행하는 이유는 자신들의 전문성을 홍보하기 위해서다. 그렇다고 사회 경험이 아직 없는 취준생이나 신입사원들의 경우 집필은 쉬운 일이 아니다. 해서 포트폴리오나 자기 블로그의 관리가 필요하다. 학생들에게 포트폴리오 준비를 시키면 무얼 해야 하느냐는 반문이 돌아온다. 가장 쉽게는 자신이 읽은 책의 독후감이다. 책을 읽다보면 밑줄을 치거나 반드시 기억하고 싶은 구절이 나온다. 이런 부분들을 그저 옮겨 적어 놓기만 해도 나중엔 그 부분만 보고도 앞뒤 문맥이 떠오르고 또 상대방에게는 내 독서량을 어필할 수 있는 최적의 소통 수단이 되는 것이다. 나아가 자신이 관심 있는 분야에 관한 글이나 기사를 스크랩해 두는 정도만으로도 훌륭한 포트폴리오의 서재가 될 수 있다. 반드시 공모전에 나아가 수상을 한 작품이 아니더라도 모든 제작물은 그 자체로 나를 보여주는 이력서가 된다. 자신만의 블로그나 까페를 개설하고 관심 분야를 축적해 가는 것도 필요하다. 다만 온라인상에서는 절대적인 자기 관리가 필요하다. 가까운 지인 가운데 대기업의 인사담당 중역이 있다. 그로부터 들은 얘기로는 서류 심사를 통과한 사람들에 대한 온라인상에서의 글들을 모아 분석한다는 것이다. 기분 내키는 대로 감정 표현한 글들을 온라인에 쏟아 놨다면 제 아무리 면접관 앞에 가서 교양을 떨어도 이미 엎질러진 물이 되고 만다.

듣기

앞에서 논의한 읽기와 쓰기 그리고 다음에 다룰 말하기를 포함해서 소통에 있어서 가장 중요한 한 가지 영역과 자질을 꼽으라면 당연히 듣기라고 할 수 있다. 여기서 듣기란 '적극적 청취(Active Listening)'를 말한다. 흥부전이나 별주부전과 같은 마당놀이를 보면 추임새라는 것이 있다. 무대에 등장하는 배우들의 대사나 움직임에 맞춰 관람객들이 흥을 돋우기 위해 호응하는 것을 말한다. 대화를 하다보면 상대방이 내 얘기에 집중하고 있는지 그렇지 않은지를 알 수 있다. 내가 하는 말을 중간에 자르고 들어올 때만을 노리고 있는 것이다. 이런 낌새를 채게 되면 더욱 빠르고 큰 목소리로 쉼 없이 열변을 토하기 시작한다. 상대방에게 발언권을 넘기지 않으려는 속셈이다. 이건 대화가 아니라 단순히 소리일 뿐이다. 우스갯소리일지 모르지만 영어가 짧은 한국의 정신과 의사가 미국에서 성공한 이유는 상대방의 이야기를 잘 알아듣지 못해 그저 눈을 마주치고 웃으며 적당한 시기에 어깨나 두 손을 올리고 동의의 표시를 했을 뿐이라는 이야기가 있다. 그런가하면 선진국에선 이미 나이 든 사람들을 상대로 그저 상대방의 이야기를 들어주는 것만으로 수입을 삼는 직업이 있다. 머잖아 우리나라에도 번성하리라 생각된다. 따라서 듣는 훈련이 필요하다. 잘 듣는 다는 것은 시종 침묵으로 상대의 이야기를 듣는 데서부터 적당한 순간에 질문이나 확인 등을 통해 두 사람 간의 교감을 확인해가는 것을 말한다.

한문에 교학상장(敎學相長)이라는 표현이 있다. 영어로는 '가르치는 것이 곧 배우는 것이다.(Teaching is learning)'는 말과 흡사하다. 가르쳐 본 사람이라면 혹은 앞에서 발표를 해 본 사람이라면 가르치는 동안 스스로 깨우치는 것이, 듣는 사람의 반응과 호응이 얼마나 내 발표에 영향을 미치는지를 여실히 깨닫는다.

듣기 과정에서 유념해야 할 한 가지는 아날로그와 디지털 세대 간의 차이다. 디지털은 멀티가 되지만 아날로그는 그렇지 못하다. 어릴 적 '할아버지 신문 보시니 조용히 하거라.'는 지적이나 꾸지람을 들은 기억이 있다. 어른들이 한 가지에 집중하기 위해서는 주변이 조용해야 한다. 이런 사람의 눈에는, 머리에 헤드폰을 끼고 음악을 들어가며 등 뒤에서는 텔레비전 소리가 들리는 데 인터넷을 보면서 공부한다는 것이 도무지 믿기지 않는다. 지금은 멀티 시대다. 정보의 증가 속도가 기하급수적으로 늘어나기 때문에 동시에 여러 가지 정보를 접수하고 처리하지 않으면 안 되는 상황이다. 해서 어른들이 보기에는 전혀 듣지 않고 집중하지 않는 듯 보여도 디지털 세대는 필요한 정보는 다 듣고 보는 편이다. 문제는 태도에 있다. 디지털 세대는 필요한 정보를 수용하지만 반응 곧, 피드백에 약하다. 상호작용이 부족하다는 뜻이다. 사람 사이의 소통은 단순한 지식이나 정보 교류의 차원을 넘어서는 행위다. 공감을 통한 공감대가 이루어 질 때 쌍방 간의 신뢰와 우호적인 애정이 증대된다. 소위 X 세대가 등장하던 무렵 일본 내 직장에서는 중간 관리자에게 요구되는 중요한 책무 가운데 하나가 '세대 중재(generation gapper)'라는 역할이었다. 과장이 주로 해야 하는 업무 외적인 기능은 기성세대를 대표하는 부장급과 신세대를 상징하는 X세대 간의 세대 차이의 간격을 메우는 것이다. 제국주의의 영향으로 짧은 머리를 고집하는 50대 부장 앞에 온갖 색깔로 머리를 염색하고 그것도 모자라 무스로 닭벼슬처럼 세우고 들어오는 신입사원이 결재를 받기 위해서 내미는 서류는 이미 보기조차 싫어진다. 하지만 젊은 세대는 회사가 나의 역량을 보고 고용한 거지 왜 내 외모나 취향을 문제 삼는 거냐는 거다. 이 둘 사이의 중간에서 중간 가교 역할을 해야 하는 것이 5~60대와 2~30대 사이에 있는 3~50대의 과장들이었던 것이다. 이 경우 듣기는 철저하게 실패할 수밖에 없다. 마음의 문을 이미 닫아버린 상태이기 때문이다. 요즘 우리 사회는 비근한 문제로 소통이 어려워지고 있다. 정보사회의 탈 대량화는 과거의 획일적 사고나 외모를 지양한다. 더욱이 국제화와 다문화 등으로 인한 다양성은 어지러울 정도다. '남과 다르면 안 되는 세상이 남과 같으면 안 되는 세상'으로 변모하는 과정에서 더 이상 다른 것은 틀린 것이라는 고정 관념은 적극적 청취의 가장 큰 장애일 수밖에 없다. 듣기를 잘 하기 위해서는 무엇보다도 '다양한 조화(diversity in harmony)'를 향한 열린 자세가 필요한 세상이다.

말하기

소학언해에 보면 '말씀만 익은이'를 경계하고 있다. 말만 잘하는 사람들을 멀리하라는 뜻이다.

말을 잘하되 말만 잘해서는 안 되고 말도 잘해야 한다는 것이다. 따라서 말하기의 문제는 말 그 자체의 문제만은 아니다. 말이 담고 있는 메시지 곧 콘텐츠의 문제라고 할 수 있다. 말하기의 핵심은 '어휘'와 '라포르(Rapport)'의 두 가지로 요약할 수 있다.

먼저 그 사람이 구사하는 어휘의 수준과 양이 말하기의 능력을 대변한다. 국제화 시대에 들어선 이래 외국어 바람이 강하게 불고 있다. 영어는 기본이고 중국어나 일본어를 포함한 다양한 유럽어와 먼 장래를 바라보고 중동이나 아프리카의 언어들까지 관심의 대상이다. 외국어를 공부해 본 사람이라면 잘 알겠지만 일정 수준에 도달하기까지는 먼저 우리말로 작문을 하고 그 다음에 이를 해당 언어로 번역해서 글을 쓰거나 대화를 하게 된다. 이 과정에서 문제가 발생한다. 우리 말 어휘가 부족한 것이다. 우리말이라 함은 당연히 국어를 말하지만 여기에는 한자가 필수적으로 포함된다. 15만 단어가 넘는 우리말 가운데 그 어원을 한자로 하는 것들이 절반을 넘어서기 때문이다. 그런데 한자는 고사하고 순수 우리말 어휘를 제대로 갖추지 못한 상황에서 외국어 구사는 어려운 일이 아닐 수 없다. 젊은 세대들의 어휘 결핍은 점점 더 심각해지고 있다. 바쁘다는 핑계로 온라인상에서는 온갖 신조어와 축약어 그리고 이모티콘이 넘쳐 난다. 그리고 이들을 모르면 마치 도태라도 되는 듯 기를 쓰고 이들을 기억하고 사용하려고 한다. 하지만 경험에서 알듯이 이러한 온라인 문자들의 수명은 매우 짧을뿐더러 전 세대 특히 기성세대를 아우르지 못한다. 학생들에게 반복해서 강조하는 것 가운데 하나가 세대 간 균형점이다. 시대의 변화는 점차 젊은 세대, 디지털 세대로 옮아가는 게 분명하지만 상당 기간(적어도 지금의 디지털 세대가 시니어가 되기 전까지는) 이 사회의 결정권은 이러한 온라인 어휘에 익숙하지 못한 시니어들에게 있다. 직장에서도, 학교에서도 주니어를 교육하고 고용하며 지도하고 관리하는 세대의 언어와 가치관을 수용하지 않으면 안 되는 이유가 바로 여기에 있는 것이다. 어휘력은 응당 독서를 통해서만 키울 수 있다. 앞서 읽기에서도 강조했듯이 손끝(휴대폰)에 있는 정보는 당면한 문제 해결엔 임기응변식의 도움이 될지 몰라도 미래를 예측하고 대비하기 위한 기획이나 창의에는 속수무책이다. 이는 마치 매장에 있는 서점과 아마존과 같은 온라인 서점과의 차이와도 유사하다. 인터넷에는 매장보다 훨씬 더 많은 책들이 있지만 자기가 정확하게 제목을 알고 있지 않으면 어렵다. 설사 관심 있는 주제를 품고 있더라도 온라인상의 간략한 소개나 추천만으로는 낭패 보기가 십상이다. 하지만 머리(뇌)에 저장된 정보는 아직은 우리가 잘 알지 못해서 블랙박스라고 불리는 뇌 세포 간의 연결 작용에 의해서 새로운 아이디어를 창출하고 기획을 가능하게 한다. 개그 프로그램에서처럼 남의 말을 흉내 내지 않는 이상 정당한 말하기는 기획이며 창의에 속한다. 그 사람의 말하기 능력은 그 사람이 머리에 저장하고 있는 어휘의 데이터량과 정확히 비례할 수밖에 없는 이유다.

그 다음은 상대방과의 라포르 곧, 관계다. 상대가 1인이든 혹은 연설과 같이 다수이건 상관없이 관계를 설정하는 일이 말하기에선 더없이 중요하다. 자격증이나 저술 등을 통해 평소 특정 분야의 권위 있는 전문가로서의 지위를 가지고 있다면 이미 상당 부분 관계가 구축되어있다고 볼 수 있다. 하지만 아직 취준생이거나 초면인 경우에는 도입 부분에서 이를 형성할 수 있어야 한다.

말콤 글래드웰은 블링크라는 책[11]에서 이의 중요성을 잘 설명하고 있다.

이상으로 소통의 기본적 범주라고 할 수 있는 듣고 읽고 쓰고 말하기에 관하여 간략히 짚어보았다. 흔히 이러한 주제를 다룰 때 언급되는 음성의 고저나 시선의 처리, 동작 등에 관해서는 생략하고 대개가 인지과학(cognitive science)적 관점에서 논의했음을 알 수 있다. 이는 소통의 기초가 파블로프의 타종실험으로 대표되는 행동과학(behavioral science)의 한계를 넘어서 fMRI와 같은 기계적 발달과 뇌과학 등의 이론적 발전에 힘입은 인지과학에서 주로 다루어지기 때문이다. 심리학에 관한 다양한 서적들이 관심을 끄는 이유도 여기에 있다.

자기와의 소통

사람들이 가장 많이 하는 소통은 바로 자기 자신과의 대화다. 얼마나 자주 할까? 하루에 대략 5만번 정도 한다고 한다. 그래서 오만가지 생각이다. 그 5만번 가운데 99%는 과거에 대한 후회나 혹은 미래에 대한 염려다. 그래서 많은 명상가들이나 힐링 프로그램은 과거나 미래가 아닌 바로 지금 곧, 현재에 머물 것을 권한다. 오죽하면 영어로 현재(Present)가 선물이겠는가(Present)?

동기부여에 관한 베스트셀러 작가 존슨(Spencer Johnson)이 쓴 책[12]이 그 대표적인 예라고 할 수 있다.

---

11) 말콤 글래드웰, 이무열 역(2005), "블링크, 첫2초의 힘," 21세기북스

12) Spencer Johnson(2003), " The Present: The Gift That Makes You Happy and Successful at Work and in Life", Random House

인간의 잠재의식을 발견한 프로이드(Sigmund Freud)에 따르면 우리의 의식 가운데 현재(現在가 아니고 懸在다. 즉, 지금이 아닌 드러난 의식을 말한다.) 의식은 15~20%에 불과하고 나머지는 잠재 혹은 무의식 상태에 있다고 한다. 문제는 현재의식의 작동은 철저히 잠재의식의 지배하에 있다는 것이다. 상대방과의 대화 도중에 무언가 골똘히 생각하고 있다면 전혀 엉뚱한 단어나 이야기를 해서 상대를 당혹시킨 경험들이 있을 것이다. 바로 잠재의식의 작동이다. 이 뿐만 아니다. 글래드웰이 주장하는 첫 2초의 힘이라든지 부부 간의 대화를 잠깐만 듣고도 10년 뒤 그들이 이혼할 확률을 예측할 수 있다든지 하는 주장들은 모두가 이런 잠재 내지는 무의식이 우리들의 소통에 비언어적으로 표출된다는 것이다. 이를 그림으로 표현하면 아래 <그림 4>와 같다

〈그림 4〉 현재의식과 잠재의식

소통에 관한 많은 책들은 음성이나 표정 혹은 동작이나 복장에서 나아가 발표물의 형식 등에 무게를 둔다. 이것들은 모두 중요하다. 하지만 이 모든 것들은 전달자로서 진원지인 (드러나지 않은)나에 대한 상대방의 (무의식적) 직관을 결코 넘어설 수 없다. 결국 스스로를 설득하지 못하면 그 누구도 설득할 수 없다는 자명한 진리에서 출발해야만 한다.

소통인문학의 관점에서 자신을 돌아보는 체크 포인트는 크게 다섯 가지로 나누어 생각해 볼 수 있다. 꿈, 끼, 꾀, 끈, 꼴 등이 그것이다.

하나하나 짚어보기 전에 꿈은 당연히 자신이 간직한 비전이다. 끼는 감성적 영역이며 꾀는 이성, 논리적 분야다. 끈은 사회에서의 인간관계를 뜻하며 마지막 꼴은 자신의 정체성(Identity)을 의미한다. 여기서 자신은 내가 생각하는 내가 아니라 남들이 생각하는 나 곧, 페르소나다. 예를 들어 우리가 알고 있는 자신의 목소리는 자기 것이 아니듯이 내가 알고 있는 나는 내가 아니다. 남들이 듣는 목소리가 내 목소리이듯 남들이 알고 있는 내가 소통의 주체로서의 나 자신인 셈이다.

2002년 월드컵의 슬로건 '꿈은 이루어진다.'를 기억하는가? 붉은 악마들로 가득한 거리거리에는 분명 꿈이 차고 넘쳤다. 하지만 그 꿈은 지금 다 어디로 갔는가? 꿈은 분위기에 휩싸이지 않는다. 꿈은 환경 변화에 따라 때로 흔들릴지언정 변하지 않는다. 꿈은 목표(Objective)요 목적(Goal)이다.

이 대목에서 적지 않은 사람들이 헷갈린다. 목적없는 목표는 중도에 포기하거나 왜곡되기 쉽다. 이를테면 돈을 버는 것은 목표요, 그 돈을 어디에 쓸 것인가는 목적이다. 목적이 정당하지 않고는 목표는 비록 달성해도 행복하기 어렵다. 젊은이들에게 꿈이 뭐냐고 물으면 돈을 버는 거란다. 얼마를 원하느냐면 많을수록 좋고 그래도 구체적으로 물으면 몇 십억 혹은 몇 백억 원이라고 대답한다. 그 돈을 어디에 어떻게 쓸 것인가 재차 물으면 좋은 곳에 쓰겠단다. 인생 노년에 상당한 재산을 모으고도 행복해하지 못한 사람들을 적잖이 본다. 목표는 달성했을지 몰라도 목적을 이루지 못했기 때문이다. 아니 어쩌면 처음부터 목적은 없었다. 이것이 사이몬 시낵이 주장하는 '왜 이일을 하는지'에 대한 물음이요 대답이다. 꿈에는 논리와 가치가 전제되어야 한다. 동물은 배부르고 안전하면 만족하지만 인간은 그렇지 못하기 때문이다.

꿈을 점검하는 자기 질문으로는 성공에 대한 꿈을 갖고 있는지, 하고 싶은 일을 스스로 찾아서 하는지, 자신의 능력을 발휘하면서 즐겁게 일하는지, 실패에 대한 두려움은 어느 정도인지, 어려움을 이겨내는 힘이 얼마나 있는지, 자신에게 동기부여(Self Motivation)를 얼마나 자주 하는지, 일에 대한 자신감이 있는지, 다른 사람으로부터 열정을 끌어낼 수 있는지, 시간 계획과 관리에 철저한지 등을 스스로에게 끊임없이 묻고 긍정적인 답을 끌어낼 수 있도록 노력하는 것이다. 이 가운데 한 가지만 꼽으라면 단연 '자기 동기부여'라고 할 수 있다. 이는 자가발전(Self Generating)을 의미한다. 발전기는 에너지를 필요로 한다. 수력이건 화력이건 풍력이건 간에 외부로부터의 에너지 공급이 중단되면 제 성능이 좋은 발전기라 하더라도 작동하지 않는다. 따라서 자신 안에 내재되어 있는 에너지가 고갈되지 않도록 끊임없이 충전하도록 노력하는 자세가 중요하다. 전 세계를 떠도는 화교들은 굶어죽어도 고국으로 돌아 갈 여비는 간직했다고 한다. 우리 무두에게는 자신의 동기 부여를 위한 '마중물'이 필요하다. 이것이 고갈되면 꿈은 사라진다.

다음으로는 끼다. 끼를 점검하기 위한 자기 질문으로는 나는 호기심이 많은지, 끈임 없이 새로운 것을 좋아하는지, 남들이 미처 생각하지 못하는 아이디어를 많이 내놓는지, 상상한 것을 그림으로 그릴 수 있는지, 말한 내용을 글이나 그림으로 표현할 수 있는지, 산책이나 명상과 반성 등을 위한 자기만의 시간을 갖는지, 타인의 아이디어로부터 새로운 것을 발견해 낼 수 있는지 혹은 다른 사람과 협력해서 새로운 것을 만들어 낼 수 있는지에 대해 긍정적이라면 나름 끼가 있으며 이를 계발해 나가는 것이 중요하다. 끼란 단순히 연예인적인 재질이 아니라 우뇌적 발상을 의미한다. 이러한 끼는 다음에서 얘기하는 꾀의 재질 혹은 이성적 자질과 어우러질 때 비로소 자신의 잠재력을 최대화할 수 있게 되는 것이다.

꾀란 무엇일까? 요령을 부리거나 잔재주를 피우는 것이 아니라 합리적이고 이성적인 아이디어를 의미한다. 이를 알기 위한 자기 질문으로는 시대의 트렌드를 제대로 파악하고 이해하는지, 매일매일 새로운 정보를 받아드리려고 노력하는지, 비전을 이루는 데 자신에게 필요한 능력이 무엇인지 알고 있는지, 내 안에 무언가를 채우려고 부단히 노력하는지, 누구에게나 배우려는 자세가 되어 있는지, 시간을 내서 열심히 독서하는지, 전문 분야에서 나름 능력을 인정받아 가고 있는지, 지식과 정보를 타인과 공유하려는 열린 마음의 자세인지에 대해 예라고 답할 수 있어야 한다.

다음으로 끈이라고 얘기할 때 흔히 연줄 혹은 빽(back)처럼 내게는 없는 그래서 불리한 것이라고 여기는데 이는 매우 잘못된 생각이다. 지금은 SNS 곧 관계의 사회다. 예전처럼 학연, 지연, 혈연의 아날로그적 관계 보다는 약한 관계의 강한 힘을 발휘하는 디지털 관계 사회다. 따라서 자신의 끈이 유익한지는 얼마나 불확실성에 대한 포용력이 있는지, 창의성을 높이는 데 갈등이 중요한 요소라고 믿고 이를 기꺼이 받아들이는지, 때로 모순된 생각들에 혼란스러워하지 않는지, 해서 기꺼이 그러한 패러독스나 모순을 받아들이려고 하는지, 남들이 해결하지 못한 문제들을 풀 어 내고, 감성과 이성의 양면성을 조화시킬 수 있는지, 그래서 다른 의견을 가진 사람을 설득 할 수 있으며, 입체적 사고를 통해 강점과 약점을 동시에 볼 수 있고, 적당한 스트레스를 즐기며 이를 극복할 수 있는지 여부에 달려 있다.

외모지상주의에서 자칫 꼴은 겉으로 드러난 생김새나 옷차림 혹은 그럴듯한 명함으로 오인할 수 있다. 결코 그렇지 않다. 사람은 아니 모든 생물은 말콤 글래드웰이 블링크에서 지적했듯이 본능적으로 짧은 순간에 겉모습 너머의 상대방을 파악할 수 있는 직관을 가지고 있다. 이러한 사람들은 미래에 대한 방향 감각을 갖고 있으며, 남들이 보지 못한 기회를 포착하고 때로는 남들이 가지 않는 길을 기꺼이 걸으며, 새로운 것의 핵심 개념을 잘 이해하거나 이해하려고 노력하며, 그러한 핵심 개념을 잘 표현할 뿐만 아니라, 일의 우선순위를 알고 중요한 것부터 먼저 해 치우고, 남들 앞에서 자기의 주장을 자연스럽게 하지만 당당하게 표현할 수 있어야 한다.

타자와의 소통

사람은 누구나 자기가 듣고 싶은 말만 듣고 보고 싶은 것만 본다고 한다. 얼핏 수긍할 수 없지만 이를 입증하는 증거들은 넘쳐난다. 대표적으로 '보이지 않는 고릴라(The Invisible Gorilla)'[13]와 '코끼리는 생각하지 마(Don't Think of an Elephant)'[14]라는 책을 권한다. (아직 활자를 읽는 데 불편한 사람에게는 같은 제목의 동영상을 추천한다). 어느 한 부분에 주목하게 되

13) 크리스토퍼 차브리스, 대니멀 사이언스 공저, 김영철 역(2011)," 보이지 않는 고릴라", 김영사

14) 조지 레이코프 저, 유나영 역(2015)," 코끼리는 생각하지마", 와이지 베리

면 다른 것들은 눈에 들어오질 않는다는 것이다. 피험자들에게 양 팀의 농구 선수들이 공을 몇 번이나 주고받는지 세어보라고 하고 그 사이 선수 한명이 사라지거나 배경의 커튼 색깔이 바뀌고 심지어는 고릴라 복장을 한 사람이 지나가도 이를 눈치 채지 못한 사람이 절반에 가깝다. 모두가 숫자를 세느라고 놓쳐버린 것이다. 독수리가 진보진영의 민주당인 반면에 코끼리는 미국의 보수진영인 공화당의 상징이다. '코끼리를 생각하지 말라'는 지시에도 불구하고 피험자들은 그 단어를 듣는 순간 동물원에서건 사파리에서건 혹은 그림책에서건, 어디선가 자신이 접했던 코끼리 이미지를 떠올리고 만다. 이러한 책들은 프레임(Frame) 즉, 생각의 틀에 관해서 설명하고 있다. 행동과학 이후 새롭게 떠오르는 인지과학에서 자주 인용되기도 한다. 우리의 뇌가 그렇게 구조화되었다는 것이다.

화자로서 나의 인식 구조와 청자로서 상대방의 인식 구조는 당연히 다르다. 두 사람 간의 대화는 각자의 프레임을 겹쳐 놓았을 때 중복되는 부분만큼만 공유 다시 말해서 소통할 수 있게 된다. 우물 안 개구리라는 비유에서 개구리가 빠진 우물이 동그란 우물이냐 혹은 네모다란 우물이냐에 따라서 그 우물 안에서 낳고 자란 올챙이와 개구리가 평생을 보아 온 우물 밖 하늘은 서로 다르다. 두 마리의 개구리가 만나서 하늘이 동그라미냐 네모냐를 두고 싸운다면 결코 타협은 있을 수 없다.

방법은 될수록 커다란 프레임을 갖는 거다. 바깥을 보는 창문의 틀이 충분히 크다면 모든 것을 수용할 수 있기 때문이다. 해서 감옥의 창문을 좁게 하는 것은 더 없는 형벌이기도 하다. 하지만 이 큰 창문에는 절대적인 단서가 붙는다. 반드시 투명해야한다는 것이다. 이념이나 종교 등으로 나만의 색을 덧입힌 창이라면 그것이 아무리 크더라도 그러한 창문을 통해 바라 본 바깥세상은 이미 본래의 모습이 아니기 때문이다.

대중과의 소통

연설을 할 때는 애인한테 연애편지 쓰듯 하라는 말이 있다. 특정한 사람을 염두에 두고 그 사람과 대화하듯 해야 비로소 설득력을 더 할 수 있다는 말이다. 그렇다면 상대방이 한두 사람이 아닌 여럿인 경우에는 어떻게 해야 할까? 크게 다르지 않다. 두 가지 관점에서 대중의 공통점을 찾아 그러한 관점을 가진 개인과 대화하듯 해야 한다. 두 가지 관점 가운 데 첫 번째는 인구 통계학적 공통점이다. 국회의원 후보가 지역 유권자들을 상대로 선거 유세를 하더라도 거기에 모인 청중에는 연령, 성별, 학력, 소득, 정치적 성향 등등에 따른 특정한 유형이 있게 마련이다. 100% 일치하지는 않더라도 집중해야 할 중심 세력이 있다. 이를 찾아서 소통에 고려하는 것이 무엇보다도 중요하다. 이렇게 되면 특정인을 겨냥해서 일대일로 대화하듯 소통할 수 있다. 두 번째로는 주제에 관한 공통점이다. 특히 자발적 선택에 의해 모인 대중이라면 뚜렷한 성향의 공통분모가 있게 마련이다. 여기서 한 가지 유념해야 할 것은 그 성향이 극단적으로 긍정적이거나 혹은 전혀 정 반대의 경우라는 얘기다. 예를 들어 선거 유세장이라면 후보와 성향을 같이하는 지지집단이거나 반대집단 두 가지 중 하나다. 이들의 기대를 만족시켜 줄 방안 마련이 전제되어야 한다.

이 밖에도 대중 혹은 불특정 다수와의 소통에서 유념해야 할 몇 가지를 첨부하면 우선 질문에 어떻게 대처하느냐 이다. 일대일이 아닌 다수를 상대로 소통하는 경우 질문에 어떻게 대처하느냐에 따라서 전체의 소통이 빛을 더 할 수도 혹은 다된 밥에 코빠트리는 격이 될 수도 있기 때문이다. 질문자를 의도에 따라서 구분하면 크게 세 가지로 나눌 수 있다. 첫째로는 그야말로 몰라서 묻는 경우다. 가장 순진하고 원론적인 질문이기 때문에 성실하게 질문자의 지적 수준을 고려해서 그에 맞도록 설명하면 그것으로 충분하다. 문제는 두 번째의 상대방을 떠 보기 위한 그리고 세 번째로 자기 자신을 드러내서 자랑하려는 질문자의 경우다. 상대방을 떠보거나 자기가 더 많이 안다는 것을 내세우고자 의도한 질문에 대해서는 그 의도를 존중해 주는 방식이 바람직하다. 공연히 질문자의 의도에 말려서 논쟁을 벌이기라도 하게 되면 비록 내 발언이 옳다하더라도 대중은 심정적으로 질문자의 편에 서기 쉽다. 소수의 의견이라는 명분하에 같은 청중이라는 군중 심리가 발동할 수 있기 때문이다. 적당한 수준에서 질문자의 의도를 존중해 주면 동질 성향과 수준의 대중인 만큼 불순한 의도를 조기에 진화할 수 있다.

또 다른 대중과의 소통 상황으로는 온라인에서의 대화를 들 수 있다. "내가 개라는 사실을 아무도 모를 거야" 인터넷의 익명성을 풍자하는 유명한 만화로 개가 컴퓨터 앞에 앉아서 채팅하는 그림의 제목이다. 익명성이 갖는 폐해와 위험성을 여기서 재론하려는 게 아니다. 그러한 익명성이 전제된 공간에서의 바람직한 소통이란 어떻게 해야 하는 가를 논의해 보고자 하는 것이다. 결론적으로 얘기하면 진정성과 신중함이다. 익명성은 손쉽게 거짓과 과장을 조장한다. 진정성을 담보하기 위해서 왜 신중해야 하는지 한 가지 예를 들어 설명하기로 한다. 대 기업의 인사부는 외부 용역 기관을 통해 당사에 응시한 후보자들의 온라인상에서의 모든 흔적을 수집, 분석한다. 물론 가명이나 예명인 경우 본인 확인이 어렵겠지만 장시간 다양한 공간에서의 활동은 결국엔 본인을 노출시키기 십상이다. 댓글이건 블로그건 친구와의 가벼운 농담이건 간에 내가 온라인상에서 남긴 소통은 결국 나의 인격과 인성을 판단하는 자료로 남을 수밖에 없다. 그 때는 몹시 격앙되어서 그랬다 하더라도 이미 엎질러진 물이다. 최근에도 청문회에서 자신의 현재 입장과 상반되는 예전에 남긴 글들에 대해 '사적인 공간에서의 생각'이라고 둘러대지만 온라인은 절대로 사적인 공간일 수 없다. 더군다나 자신의 지위나 신분을 밝힌 상태라면 더더욱 그러하다. 온라인 소통에서 신중해야하는 이유다. 특히 취업을 준비 중이거나 사회 진출을 앞둔 사람이라면 온라인에서 자신이 남긴 의사 표시가 언제 어떻게 평가될는지에 대한 신중한 사정 고려가 요구된다.

Ⅳ

고전에서 만나는 소통인문학

이하에서 인용하는 자료들은 대부분 필자가 거주하는 기장문화원 한문한시반에서 배우는 교재에 기초한 것으로 그 원전은 대략 한국학중앙연구원이나 한국 고전 번역원 등에서 비롯한 것이다.

이들 인문학적 관점에서 다룬 사회 전반적인 이슈들을 소통의 측면에서 음미해 봄으로서 동양과 서양, 과거와 현재, 기성세대와 젊은세대 등의 대칭적 논의를 위한 자기 성찰과 개인 혹은 집단 간 토론의 기초자료로 활용할 수 있다.

양촌 권근의 입학도설

날로 폭발적인 정보증가에 당면한 현대 사회를 살아가면서 가장 필요한 자질을 한 가지만 꼽으라면 단연 '축약'이라고 할 수 있다. 하루가 아니 시간을 두고 새롭게 쏟아지는 복잡하고 방대한 분량의 정보를 어떻게 하면 간단하고 쉽게 요약하거나 편집해서 상대방이 이해하기 쉽도록 할 것인가가 직장이나 학교는 물론 일상의 개인 생활에서 조차도 가장 중요한 능력이 아닐 수 없다. 정보가 얼마나 빠르게 늘어나는지는 새삼 강조할 필요가 없다. 사회의 가속화는 우리의 호흡을 가쁘게 할뿐더러 어느 한 가지에 집중할 수 없게 만든다. 게다가 수시로 울리는 핸드폰 소리에 운전 중이거나 아니면 다른 일을 하고 있어서 여간해서는 원활한 소통을 기대하기 힘들다. 회사에서 관리나자 임원의 위치에 오르게 되면 하루에도 결재해야할 서류가 산더미다. 거기에 붙임 자료까지 딸려오면 차분히 들여다 볼 엄두가 나질 않는다. 그렇다고 결재에는 책임이 따르는 만큼 대충대충 넘어갈 수 도 없는 노릇이다. 이럴 때 가장 마음에 드는 보고서나 기안서는 맨 위에 한두 장의 요약서(Executive

Summary)가 얹혀있는 서류다. 더군다나 그것이 그림으로 정리된 것이라면 금상첨화라고 할 수 있다. 한 눈에 확 들어오기 때문이다.

활자나 인쇄술이 발명되기 전에 우리 조상들은 그림이나 부호로 정보를 기록하거나 주고받았었다. 알타미라 동굴의 벽화나 앞서 예로든 정조 대왕의 임금 행차도 등은 불과 한 장의 그림에 불과하지만 그 때의 시대상을 여실히 보여준다. 아이들의 그림일기도 마찬가지다. 문자나 인쇄술의 발명은 인류 문명에 지대한 공헌을 한 것도 사실이지만 우리의 사고와 소통을 선형적(Linear)이며 순차적(Sequential)으로 제한시켜 놓은 것 또한 부정하기 힘들다. 이런 한계를 지적하고 그 대안을 제시한 대표적인 경우가 토니 부잔(Tony Buzan)의 마인드 맵(Mind Map)이라고 할 수 있다. 방사선식 사고와 정신 독해(mental literacy)에 기초한 그의 아이디어는 30여 개국의 언어로 100여 개국에 보급될 만큼 선풍적인 인기를 끌었다. 하지만 그 핵심은 매우 간단하다. 마치 도서관의 십진분류법이나 생물학의 계문강목과 속종처럼 점차 하위 분류체계로 세분화 해나가면서 자신의 생각이나 아이디어 혹은 정보들을 정리해 가는 방식이다.

그러나 이런 노력은 일찍이 우리 선조들에게서도 찾아 볼 수 있다. 고려에서 조선으로 넘어오는 시기 안향은 중국의 송나라 주희가 새롭게 해석한 신유학 곧 주자학을 이 땅에 소개한다. 그러나 주지하듯 우리 한글과 달리 표의문자인 한문은 그 의미가 매우 중의적이다. 게다가 띄어쓰기가 없으니 끊어 읽는 곳을 달리할 때마다 그 의미 또한 얼마든지 달라질 수 있다. 이런 문제를 극복하고자 여말선초의 유학자 양촌 권근은 입학도설이라는 책에서 중국의 고전을 수십 여장의 그림(도표)을 통해 설명하고 있다. 퇴계 이황이 선조 임금에게 받쳤다는 성학십도의 그림책도 여기서 비롯된 것이라고 할 수 있다.

입학도설에는 이런 그림이 초판본에 26장과 후기에 추가된 것까지

합치면 40개의 그림이 담겨있으며 이는 이후 조선 전반에 걸쳐 내로라 하는 유학자들의 도표식 설명 책의 근간이 된다.

가속화되는 디지털 사회에서는 이런 요약과 정리의 능력이 요구된다. 이를 위해서 다시 초등학교 학생들에서부터 그림일기가 부활되어야 하며 중고등학교나 대학생들에게도 한 장으로 요약해 낼 수 있는 훈련이 필요하다. 요즘의 프리젠테이션 기술은 이러한 훈련을 구현하기에 충분하리만치 발달해 있다.

퇴계이황의 성학십도

잘 알려진 대로 성학십도는 퇴계 이황이 여러 사람의 글과 그림을 모아 어린 임금인 선조를 위하여 꼭 알아야 할 내용을 고전에서 추려내 10장의 그림과 함께 병풍이나 족자로 만들어 바친 글이다. 그 내용에는 우주론, 존재론, 인식론에서부터 일상생활에 이르기까지 모든 분야를 담고 있다. 각 장이 표현하는 내용들은 시중에 넘쳐나는 성학십도에 관한 책들을 참고하는 것으로 충분하다. 여기서는 소통 내지는 소통 인문학의 관점에서 그리고 왕이라는 특수 지위가 아닌 일상생활의 대화에서 이니셔티브를 유지하기 위한 방안으로 이를 다뤄보기로 한다.

성학십도는 우주론으로 시작한다. 염계 주돈이의 글과 그림으로 된 우주론은 무극에서 태극으로, 태극에서 음양으로, 음양에서 오행으로 이어지고 끝내는 4단 7정까지 연결된다. 한 마디로 유학이 담고 있는 동양의 모든 철학적, 과학적 가치와 원리가 이로 비롯된다고 할 수 있다. 김용운의 삼위일체 학습법에 따르면 언어와 문화와 역사를 동시에 공부해야 비로소 한 나라나 지역을 이해할 수 있다고 한다.

지금 우리는 해외 유학을 다녀왔든 아니든지 간에 모든 교육 과정을 서구식으로 받아들이고 있다. 유치원에서 대학에 이르는 학제라든지 국어 수학 물리 화학 등의 교과 편제가 그러하다. 우리가 입는 옷도, 먹는 음식도 사는 집조차도 서양식이 지배적이다. 그 뿐이 아니다. 우리나라의 종교 비율을 보면 유교나 불교보다는 기독교나 천주교가 압도적이다. 태어난 갓난아이서부터 영어를 가르치지 못해 혈안이다. 그리스 로마 신화에 관한 책들은 읽어 봤어도 한서나 사기, 유사나 동사(東事: 미수 허목선생이 지은 고대사)를 접할 기회는 없었다. 그러나 우리 핏줄에는 동양적 정서가 흐르고 있다. 심리학에서 말하는 후성규칙이나 칼 융의 집단 무의식과 같은 이론을 들춰내지 않더라도 우리는 어쩔 수 없는 동양인인 것이다. 속은 동양인데 겉은 서양인채로 살아가는 모순을 너무도 당연히 받아들이고 있다고 할 수 있다.

흥미로운 사실은 21세기에 들어 그동안 동양과학을 신비주의로만 바라보던 서양이 거기에 현미경을 들이대기 시작한 것이다.

〈그림 5〉 닐스보어가 가슴에 단 태극마크

이 그림은 1922년 닐스 보어가 '원자구조와 원자가 내는 스팩트럼에 대한 연구', 쉽게 말해서 노벨 물리학상을 받을 때 입고 나간 가운에 부친 태극 마크다. 왜 그랬을까? 일설에는 태극 문양을 구할 수 없어 동네에 사는 중국집 주인이 만들어 붙이고 나간 것이라고도 한다. 평민 출신인 보어가 귀족 가문의 휘장이 없어 급히 만들었다는 에피소드도 들린다.

중요한 사실은 왜 저들이 태극 문

양에 주목 했는가 이다. 2진법을 발명했다는 라이프니츠 역시 그 아이디어를 주역에서 빌려 왔음을 숨기지 않고 있다. 동서양 우주관의 차이를 알기 위해서는 동양적 우주론을 이해할 필요가 있다. 앞서 김용운의 삼위일체 학습법에서처럼 소통의 출발점은 언어 이전에 문화고 점차 글로벌화 하는 다문화 환경에서 이는 필연이다. 상대방과의 대화에서 우리는 상대방보다 우리 자신을 모르고 있다.

4년 동안 100권의 고전 읽기가 교과 과정의 대부분을 차지해서 유명해 진 미국 세인트 존스 대학교의 경우, 입학생들의 고등학교 졸업 시 성적은 전국 평균 상위권이 20% 수준으로 아이비리그에 입학하는 학생들의 95%에 비해 현저히 낮다. 하지만 졸업 후 이들의 사회 진출이나 전문 분야에서의 자리 매김 현상은 입학 때와는 판이하게 다르다. 무엇으로 이런 현상을 설명할 수 있을까? 소통에 기반 한 인문학 곧 소통인문학의 결과라고 할 수 있다.

우주론으로 무장하고 소통하는 사람은 상대방에 비해 게쉬탈트 이론에서 말하는 보다 뚜렷한 전체주의 혹은 형태주의적 관점을 지니게 된다. 프로이드가 말하는 80% 이상의 잠재의식에 내재된 정보적 자원의 활용도가 상대적으로 높아진다고도 할 수 있다. 성학십도의 두 번째 장인 제2도 서명도는 존재론에 관한 얘기라고 할 수 있다. 북송 사람 장재의 글에 원나라 사람 정복심이 그림을 그려 넣은 것으로 원래는 정완(訂頑: 어리석음을 바로 잡는다는 뜻)이었다고 한다. 이 그림은 위아래 두 부분으로 되어있는데 위는 "이일분수(理一分殊)"로 "理一"은 만물이 하나의 원리에서 나왔다는 뜻이고, 이것이 각각의 사물들로 나뉜 것을 "分殊"라 한다. 아래는 자식이 부모를 섬기는 것처럼 천지도 섬기라고 하여 "모든 백성들이 다 나의 동포요 만물은 나와 같은 존재이다."라는 내용이다. 동양의 정신을 대표하는 유교나 불교나 도교는 공히 자연과 인간을 일체화한다. 이는 신에 의한 창조 과정에서 인간이 자연을 지배하도록 권리를 허락받았다는 서양의 시각과는 사뭇 다르다. 근자에 들어 지구 환경 문제의 해법으로 서양이 동양적 자연관에 주목하는 이유도 여기에 있다.

이렇듯 성학십도의 10장은 전반 5도와 후반 5도로 나눌 수 있고 이를 다시 3도와 4도를 중심으로 앞의 1,2도 그리고 뒤의 5~10도로 배열하기도 하는 데(이광호) 앞은 우주, 존재론으로 뒤는 심성, 교육론으로 구분하기도 한다.

이를테면 3도 소학도나 4도 대학도는 공히 유년기서부터 성인에 이르는 교육 과정에 필요한 내용을 담고 있으며 이후는 인(仁) 혹은 심(心)과 같은 키워드를 중심으로 분석적으로 논의하고 있다.

소진과 장의의 합종연횡

설득과 협상에서 필요한 중요한 능력가운데 하나는 제3자 혹은 다른 집단과의 연대나 협력에 의한 방법을 모색하는 일이다. 고전에 나타난 대표적인 사례가 바로 합종과 연횡이라고 할 수 있다. 합종연횡이란 춘추전국시대의 귀곡자가 쓴 책에 등장하는 표현이다. 이 가운데 합종은 전국시대의 사상가 소진이 대표적인데 그가 활약하던 시대는 진나라와 한(韓)나라가 서로 교전하고 있어 산동 지방의 여러 나라들은 진나라의 침략을 두려워하고 있을 때였다. 이때 소진이 나서 연(燕) 조(趙) 한(韓) 위(魏) 제(齊) 초(楚) 등의 일곱 나라들을 연합시키는데 성공하고 이 일로 소진은 6개국의 재상을 겸하게 되었다.

이 때문에 동방으로 진출을 꾀하고 있던 진나라는 오랫동안 그 진로를 차단당할 수밖에 없었다.

한편 장의라는 사람은 연횡책을 주장해서 위(魏) 조(趙) 한(韓)나라 등 동서[橫]에 걸쳐있는 여러 나라들을 설득, 진(秦)나라를 중심으로 하는 또 다른 동맹관계를 맺도록 하였다.

무술에 능한 사람은 공격해 들어오는 상대방의 힘을 이용할 뿐 자신은 결코 큰 힘을 들이지 않는다고 한다. 바야흐로 네트워크 시대다. 정보는 지천에 깔려있고 단지 필요한 정보가 어디 있는지 아는 것이 필요하다. 정보가 사람이요 사람이 곧 정보인 셈이다. 따라서 여하히 필요한 사람을 알고 적절히 동원 내지는 활용할 수 있는가하는 것이 소통의 관건인 셈이다. 정보의 종류가 다양해지고 반대로 그 수명이 짧아짐에 따라서 필요한 정보를 때맞춰 얻는 것은 결코 쉽지 않다. 사람에 관해서는 더욱 그렇다. 워낙 포장술이 발달하고 또 첫 인상에 대한 훈련이 발달해서 자칫 실패하기 쉽다. 해서 인재들이 넘쳐나는 뉴욕 금융가인 월스트리트에서조차도 50% 이상이 취업이나 직장을 옮기는 데 주변의 소개나 상사의 추천이 가장 결정적이라고 답한다.

다국적 기업에 근무한 경험으로 미국의 인사관리에 대해서 잠시 짚어보면, 미국인들이 직장을 구하는 데 가장 중요시 하는 것이 바로 전 직장 상사의 추천서다. 우리가 겉으로 보기에 저들은 상하 간에도 자유롭게 대화하고 스스럼없이 어울리는 듯 해 보여도 적어도 두 가지 이유로 해서 상사와 부하 직원 간에는 엄격한 구분이 있다. 첫째는 직속 상사의 인사고과다. 일찍이 개인별 능력급제를 실시하고 있는 만큼 상사의 평가는 나의 급여 인상폭을 결정하는 기준이 된다. 두 번째는 직장을 옮길 경우 거의 예외 없이 전 직장 상사의 추천서를 요구한다는 점이다. 어쩌면 우리보다 더 뚜렷한 상하 위계질서가 있을 수밖에 없는 이유다.

또한 합종과 연횡은 단순히 지리적으로 가로와 세로간의 연대를 의미하지만은 않는다. SNS가 일반화 된 요즈음 방사선 식의 인적 네트워크를 구성할 수 있어야 한다. 설득에서 가장 빈번하게 쓰이는 사례가 전문가의 활용이다. 광고에서도 의사가운을 입은 사람이 등장하거나 특정 분야의 엔지니어를 출현시키는 것도 이 때문이다. 그런데 그런 전문가가 나와 개인적으로 친분이 있다면 이는 금상첨화라고 할 수 있다.

'약한 관계의 강한 힘' 또한 소통을 위한 사회생활에 반드시 필요하다. 사람을 채용하는 데 친구 아들처럼 가까운 사이의 소개라면 고용에 망설일 수도 있겠지만 자기 친구가 아는 교수의 제자 정도라면 면접에 부르기에 그다지 조심스럽지 않아도 된다. 합종연횡을 넘어 방사선식 네트워크네 의한 소통을 구사할 때다.

가부상제(可否相濟)와 도유우불(都兪吁咈)

가부상제는 서경의 함유일덕 편에 나오는 말로 직역하면 '찬성과 반대가 서로 도움을 준다'는 뜻으로 의역하면 '서로 다른 견해를 살펴서 국정이 원만하게 이루어지도록 한다.'는 의미다. 도유우불에서 도는 매우 찬성, 유는 조금 찬성, 우는 조금반대, 불은 매우반대로 통계학의 리커르트에 따르면 4점 척도쯤이라고 할까? 이는 요순시대의 국정을 논의하는 데 있어 필수적인 과정이었으며 한나라의 헌가체부(獻可替否) 곧, 신하가 임금에게 직언을 고하는 의미와도 유사하다.

조선왕조실록에 찾아보면 가부상제라는 표현이 180여 차례 그리고 도유우불이나 헌가체부를 합쳐도 그 비슷한 숫자라고 한다.

세종때 사간원이 올린 상소문에 "할 말을 하지 않는 것은 신하의 직책을 다하지 않는 것이며 받아들여야 할 말을 받아들이지 않는 것은 정치도리에 어긋나는 일"이라고 기록되었다고 한다. 성종 임금 또한 경연에서 신하들이 아무런 의사 표시를 하지 않자 이는 곧 가부상제를 어기는 일이라고 꾸짖었다고 한다. 덧붙여 임금의 눈치를 보느라 침묵하는 것이라면 용서하지 않을 것이라는 경고했다(조선왕조실록 성종 24년, 1493년: 글방소리 참고 황구선생 글 재인용 2013년10월7일, 기장문화원). 직장 생활을 하다보면 무슨 내용인지도 모르는 채 회의에 불려가기가 일쑤다. 업무 수첩을 옆구리에 낀 채 회의에 참석하는 다른 동료들에게 무슨 회의냐고 물어도 별 신통한 반응이 없다. 회의가 절반 쯤 지날 무렵에서야 분위기를 파악하고 그 다음은 자신에게 쏟아질 질문을 상상하며 예상 답변에 골몰한다. 자발적 반응이 있을 수 없다. 고개를 수그린 채 수첩에다 뭔가 적는 모습은 중소기업의 회의실 에서부터 대통령이 주재하는 국무회의에 이르기까지 별반 달라 보일 게 없다. 오로지 듣고 읽기만 배웠을 뿐 쓰고 말할 훈련도 기회도 갖질 못했다. 빈 수레가 더 요란하다느니 침묵은 금이요, 웅변은 은이라느니, 모난 돌이 정만든다니 하면서 침묵을 강요당한 채 살아왔기 때문이다. 대통령 연설문 비서관을 지낸 강원국씨 표현처럼 읽고 듣는 건 오로지 남의 생각일 뿐이다. 이런 생각을 머리에 담는 이유는 내 생각을 만들어서 쓰고 말하기 위함이다. 그래야 비로소 나라는 존재의 정체성이 표출될 수 있다. 대화나 소통을 가장 원활히 할 수 있는 첫 걸음은 질문이다. 미국이나 중국에서 강의할라치면 '질문할 사람?'을 물어보기가 조심스럽다. 절반 이상의 학생들이 손을 들기 때문이다. 반면에 우리나라나 일본에서는 몇 번을 되물어도 좀체 손을 들지 않는다.

듣는 사람의 침묵은 말하는 사람의 오해를 불러올 수 있다. 에벌린의 역설(Abilene Paradox)이 그 예라고 할 수 있다. 어른들 중 한 사람이 외식을 제안했을 때 별로 내키지는 않지만 나서서 반대하기도, 다른 음식에 대한 대안도 없어 대부분 가족의 침묵으로 동의가 형성되었다. 하지만 왕복 몇 시간이나 걸리는 멀리 떨어진 식당엘 다녀오는 차 안에서 각자가 느꼈을 고통은 침묵의 대가다. 뒤늦은 불만은 아무런 보상도 없이 오히려 모든 사람을 불편하게 할 뿐이다.

다산의 가족 소통

우리가 잘 아는 대로 다산 정약용 선생(1762~1836)은 전남 강진에서 18년간이나 유배생활을 했다. 다산은 열다섯 살 되던 해에 한 살 위인 홍씨 부인과 결혼해서 여러 자녀를 두었지만 다 잃고 2남1녀를 키워냈다. 그는 유배 중에 가족에 대한 그리움과 자녀 교육을 위해 여러 가지 그림과 글을 보냈는데 그 중 매조도(梅鳥圖)라는 글과 그림 그리고 근검(勤儉)이라고 쓴 글이 유명하다(아래 그림 참조). 특히 매조도는 부인이 시집올 때 가져 온 오래된 다홍치마를 가족을 기억해달라는 의미로 다산에게 보냈는데 그것을 오려서 하나는 두 아들에게 교훈의 글을, 그리고 다른 하나는 딸에게 그림을 그려 주었는데 이것이 바로 매조도와 근검이라고 한다.

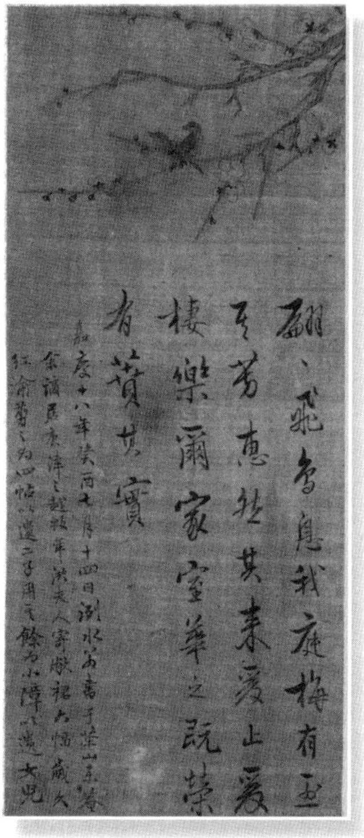

〈그림 6〉 다산이 그린 매조도

매조도에 적힌 한시를 우리말로 풀면 아래와 같다.

저 새들 우리 집 뜰에 날아와 /매화나무 가지에서 쉬고 있네
매화향 짙게 풍기니 그 향기/사랑스러워 여기 날아왔구나
이제 여기 머물며/가정 이루고 즐겁게 살거라
꽃도 이미 활짝 피었으니/주렁주렁 매실도 열리겠지

시집 보낼 딸에 대한 염려와 사랑이 넘쳐난다. 게다가 시에는 새 두 마리가 매화나무 등걸에 앉았으니 전하고자 하는 부성애가 충분히 묻어난다. 소통은 소재(아내가 결혼 당시 가져와 오랫동안 장롱 속에 고이 간직

했던 치마)와 그림(추운 겨울을 참아내고 가장 먼저 꽃을 핀다는 매화나무에 그것도 암수 한 쌍의 새가 한자리에 사이좋게 앉아있는)을 통해서 더욱 강렬하게 전달된다. 이렇듯 고전에서의 소통은 요즘보다 훨씬 다양해서 그야말로 멀티미디어를 구사한다. 핸드폰의 보급으로 사진이 더 이상 귀하지 않다. 보내온 사진 파일을 내려 받기조차 안하는 세상에서 투박한 솜씨더라도 여행지에서의 인상 깊은 장면을 캐리커쳐해서 몇 자 소식을 얹어 보낸다면 훨씬 더 의미 있는 소통이 되지 않을까 싶다.

매화에 물 주거라

앞서 소개한 성학십도는 퇴계 이황 선생의 생애 마지막 작품이다. 돌아가시기 직전 어린 선조 임금이 나라를 잘 다스리는 데 꼭 필요한 고전의 핵심만을 추려서 열폭의 글과 그림으로 축약해서 이것을 병풍으로도 만들고 작은 소책자로도 만들어서 눈에 띄는 곳에 두고 주야로 보길 청했던 것이다. 이만큼 퇴계는 학문에 엄격하고 철저했던 분이다. 해서 퇴계 이황(1501~1570)은 한훤당 김굉필(1454~1404), 일두 정여창(1450~1504), 정암 조광조(1482~1519), 회재 이언적(1491~1553) 등과 더불어 동방오현의 한 사람으로 불리 운다. 이 다섯 사람은 조선 후기에서 임진왜란 직전까지 비슷한 시기를 살던 사람들이다. 역사를 돌아보면 뛰어난 성현들이 시대를 같이하는 건 아이러니다. 이를테면 서양에서 소크라테스나 플라톤 아리스토텔레스 등의 시대와, 동양에서 노자 공자 맹자 순자 좀 더 넓게는 붓다 등의 생애가 비슷한 시기에 중복되는 경우다. (이 이야기는 자기 발표나 혹은 토론의 주제로 삼기로 하고 여기서는 다시 본론으로 돌아가자)

이렇듯 학자들의 학문 세계를 보면 엄격하고 근엄하기가 이를 데 없다. 마치 그들에게는 따스한 가슴이나 삶의 애환이 없어 보인다. 이런 이유로 필자는 인물에 관한 책을 읽거나 이야기를 들을 때면 그들의 사적인 삶에 더 많은 관심이 가곤 한다. 앞 서 소개한 다산 정약용의 경우에도 그가 유배 기간 동안 근 5백 권에 가까운 저술을 남길 만큼 철저했지만 그 이면에는 떨어져 있는 아내와 자식들을 향한 애틋한 심정을 그가 남긴 글과 시화에서 엿볼 수 있다. 어쩌면 이런 양면성이 더 극적인 소통의 인상을 남기는지도 모를 일이다.

"매화에 물 주거라" 이는 퇴계 선생이 돌아가시기 전에 남긴 마지막 말이라고 한다. 선생은 태어난 지 7개월 만에 부친을 여의고 숙부 밑에서 성장, 중종 때 문과에 급제 벼슬길에 올랐으나 당시는 사화로 인해 정치판이 어지러울 때였다. 해서 선생은 여러 차례 관직을 부여받았지만(제수) 그 때마다 이러저런 이유를 들어 사양하곤 했다. 그런 퇴계 선생의 생애 가운데 눈여겨 볼 흔적은 명종 초기의 단양과 풍기군수를 지낸 일이다. 물론 선생은 이후 대사성, 예조판서, 판중추부사, 좌찬성 등의 고위직에 임명되기도 하지만 앞서의 군수로 지내는 동안 각각 소수서원과 도산서원을 일으킨 데 주목할 만하다. 소수서원은 원래 당시 군수였던 주세붕이 세웠으나 이후 선생이 임금으로부터의 사원 명명식이라고 할 수 있는 사액서원으로 지정받아 소수서원이 된 것이다. 중요한 것은 퇴계 선생으로 인해 소수서원이 조선 최초의 사액서원이 되었다는 사실이다. 사액서원이 되면 현판을 내려 받는 외에 서원을 운영하는 데 필요한 예산이나 인력 등을 중앙으로부터 지원받게 된다. 심지어 서원에 적을 둠으로 해서 군역을 면제받는 요즘말로 병역 특혜까지도 벌어진다. 이런 일로 해서 조선말기 수천 개 서원의 폐해를 막고자 대원군은 거의 대부분 서원을 철폐하기에 이른다. 그러나 초기 서원의 설립 취지는 보다 균등한 교육 기회의 확산이라는 측면에서 매우 바람직한 일이였다. 퇴계 선생은 이후 도산서원을 일으켜 후학 양성에 힘쓴다. 그가 유독 좋아했던 꽃이 매화다. 그가 매화에 관한 시만 90여 수를 짓고 이를 모아 매화시첩이라는 시집을 남긴 것만으로도 그가 얼마나 매화꽃을 좋아했는지 알 수 있다. 안동의 도산서원에 가면 담장에 지금도 봄이 되면 수백 년 된 그루터기에서 매화꽃이 피는 것을 볼 수 있다. 그런 퇴계가 단양 군수로 있을 때 그를 따랐던 관기 두향이 퇴계가 풍기군수로 옮겨 갈 때 매화 한 그루를 선물했다. 퇴계는 죽기까지 이 매화를 정성껏 돌보다가 임종 직전에 남긴 말이 "저 매화에 물 주거라" 이었다고 한다. 여기서 매화는 물론 화분에 담긴 매화이겠으나 퇴계 선생의 가슴속에는 뒤에 남을 두향에 대한 염려 또한 적지 않았으리라. 해서 이 말에는 다분히 중의적인 의미가 담겨져 있다. 이야기를 맺기 전에 궁금해할 족자들을 위해 두향은 퇴계가 옮긴 뒤 20년 동안 정절을 지키다가 퇴계가 죽자 그와 노닐었던 강선대 기슭에 묻어달라는 유언과 함께 스스로 목숨을 끊었다고 하니 뉘라서 그 진실을 알겠는가? 작가 최인호는 '소년의 유림'에서 이들 두 사람의 애틋한 이야기를 아름답게 그려내고 있다. 소통은 이런 것이다.

족보와 문집

모두가 갖고 있지는 않지만 아직 까지도 족보와 문집을 보관하고 있는 집들이 적지 않다. 조선 후기에 들어서 매관매직이 성행하고 그 혼란기에 상당수 평민이나 하층 계급이 양반 계급으로 신분 세탁을 하는 일도 비일비재했다. 하지만 6.25와 같은 전쟁을 거치면서 상당수 소실되기도 했지만 한편에서는 이를 복원하려는 노력도 끊이질 않고 있다. 족보야 한 집안의 내력을 기록한 책이라지만 문집이란 어떤 의미일까? 그 내용이 대부분 시수와 같은 문예작품들이다. 옛 사람들이 한가하게 시나 읊고 풍유나 즐겼단 말인가? 그게 아니다. 대표적인 근체시 작법에는 오언절구나 율시 혹은 칠언절구나 율시 등이 있다. 대표적인 게 칠언율시로서 한 줄에 일곱 자씩 여덟 줄로 모두 56글자로 된 시를 말한다.

이것이 조선 시대 과거 시험의 기본 출제 양식이기도 했다. 겨우 56글자의 시를 가지고 어떻게 그 사람의 학식이나 소양을 파악할 수 있다는 말인가 하고 필자역시 처음에는 가볍게 여겼다. 하지만 여기에는 엄격한 조건과 기준이 있다. 이를테면 처음 두 번째 글자를 무엇으로 택하느냐에 따라서 한자에서 말하는 운율이라고 할 수 있는 평기(한자의 1,2,3성)와 측기(한자의 4성)로 나뉜다. 이렇게 되면 이하 모든 글씨는 평기식이냐 혹은 측기식이냐가 결정되고 이에 따라서 56글자의 평측을 준수해야만 한다. 게다가 운을 어떤 글자로 하느냐에 따라서 첫째 둘째 넷째 여섯째 그리고 여덟째 끝자가 주어진다. 이를 살려서 시를 짓되 기승전결이니 대운이니 하는 형식적 조건을 따라야 한다. 이러한 하드웨어 혹은 콘테이너 안에 콘텍스트를 담되 이는 충분히 고전의 가르침을 녹여내면서 다분히 자신만의 창작이 가미되어야 하는 것이다. 아래 시는 필자가 지역사회에서 매년 10월에 여는 시회에서 발표했던 근체시 가운데 한 편이다.

自謫陋居 學問成
半島南端 機張生
天佑神助 巨儒會
晝耕夜讀 虛心盈

漢陽千里 瘠薄村
天下萬民 日月明
景慕齋殿 孝孫談
難世識人 慰安亨

앞서 설명했듯이 첫 줄의 두 번째 글자(謫)의 선택은 이 시가 평기식을 따를 것이냐 아니면 측기식이어야 하느냐를 결정짓는다. 그리고 1, 2, 4, 6, 8줄의 끝자 곤, 성. 생. 영. 명. 형 등은 한시 작법에 필요한 수운표의 106개 군에 속한 글자들이다. 이렇게 주어진 글자를 살려서 시를 지어야 하는 것이다.

지금은 라틴어처럼 고어가 되어버린 근체시를 설명하는 이유는 당시에는 이것이 곧 자기 소개서요 명함이었다는 사실 때문이다. 초면 사이라도 만나서 서로 시를 한 수씩 교환하게 되면 그 자리에서 상대방과 나의 학문적 완성도가 바로 들어나기 때문이다. 요즘처럼 인터넷에서 자소서 쓰는 법을 내려 받아 대필할 수도 없고 인터넷에서 찾아볼 수도 없는 노릇이다. 상대방의 실력을 평가하기에 이보다 빠르고 확실한 방법은 없다.

하지만 요즘 시대엔 어쩌란 말이냐? 블로그와 포트폴리오가 이를 대신할 수 있다. 면접은 시간도 짧고 긴장도 되고 해서 자기 기량을 충분히 발휘하는 데는 한계가 있다. 하지만 평소에 꾸준히 관리하거나 작업한 자기 관심 분야를 축적시켜 놓은 사이트나 자료집은 나를 대변해 준다. 면접관이 내가 들고 들어 간 포트폴리오를 30초만 훑어 봐준다면 30분간 내가 구두로 설명한 나보다 나를 더 잘 보여줄 수 있기 때문이다. 포트폴리오를 요구하지 않으면 어떻게 하느냐고? 시간에 쫓기기는 면접관도 마찬가지다. 질문을 통해서 더듬어보기 보다는 이 방식이 더 빠르고 확실하다. 소통에는 준비가 필요하다.

V

국제사회에서의 소통인문학

지금 전 세계 70억에 가까운 인구는 마샬 맥루헌의 표현대로 지구촌(Global Village)이라는 한 마을에 모여 살고 있다. 한 지역의 소식은 하룻저녁이면 온 동네에 퍼지고 시골 외진 마을에 가더라도 다문화 가정이 심심찮게 눈에 띈다. 언어도 피부색도 뒤엉키고 있다. 그 안에 문화라는 보이지 않는 장벽이 갈등을 조장한다. 오랜 세월 백의민족이라는 단일 핏줄을 자랑스럽게 고수해 온 우리들로서는 쉽게 허물기 어려운 벽이 아닐 수 없다. 하지만 이제 더 이상 다른 것은 틀린 것이 아니다. 정보사회의 탈 대량화는 남들과 다르면 안 되는 세상을 남들과 같아서는 경쟁에서 이길 수 없는 환경으로 바꿔놓았기 때문이다. 문화적 차이를 이해하고 다양성을 수용하는 자세야말로 국제 시대를 살아갈 세대에겐 무엇보다도 중요한 소통의 자질이라고 할 수 있다.

실패한 캠페인

광고는 가장 극적인 소통 가운데 하나다. 제한된 시간이나 지면에 압축적이고도 설득적인 메시지를 담기 위해서는 고도의 전략이 필요하다. 언와와 문화의 차이를 달리하는 국제 광고에 있어서는 더욱 절실하다. 미국이나 유럽의 바이어들로부터 평이 좋은 텔레비전 판촉물을 언어만 바꿔서 중동에 공급했다가 낭패를 본 기억이 있다. 텔레비전 모니터의 빈 화면을 선정적인 사진으로 채운 게 화근이다. 엄격한 회교국가에서는 불가능 하다는 단순한 기준 조차 고려하지를 못했던 것이다. 종교가 원인이다. 태국의 국제공항 근처에 대형 옥외광고 탑을 세우려고 시안을 만들어 보냈지만 퇴짜다. 국내법상 자국어(태국어)를 20% 이상

넣어야 한다는 법규가 있었기 때문이다. 법규가 원인이다. 아래 광고는 미국의 유명한 탄산음료의 대 모슬렘 권 캠페인이다. 텔레비전과 옥외 광고를 대대적으로 펼쳤다. 결과는 대 실패다. 이유는 무엇인가?

〈그림 7〉 음료회사의 광고 포스터

스토리는 간단하다. 사막을 달리다 지쳤을 때 마신 탄산음료로 다시 활력을 되찾아 달린다는 이야기다. 왜 실패했을까? 중동의 언어는 우에서 좌로 읽는다. 잘 달리던 사람이 음료수를 마시고 모래 위에 쓰러지는 얘기가 되고 만다. 언어의 차이다. 이 모두를 종합하면 결국 문화의 차이다.

우리나라 사람들은 해외여행을 가면 도착하자마자 한국 음식점을 찾는다. 근처에 없으면 택시를 타고라도 멀리까지 찾아간다. 심한 경우에는 며칠씩 먹을 식재료를 여행 가방에 담아간다. 음식만큼 현지 문화를 쉽고 빠르게 이해할 수 있는 방법은 없다. 그것은 또 방문 국에 대한 예의이기도 하다. 단순히 음식에 대한 맛뿐만 아니라 식탁에서의 예절, 식기다루는 법 하나하나가 소통의 절차요 방법인 것이다. 우리나라 고위층이 유럽을 방문했다가 수저가 엎어져 있는 것을 보고 재수 없다고 기분나빠했다는 얘기를 들은 적이 있다. 명문가에는 나름의 문양이 있다. 가문을 나타내는 이 그림은 넥타이에서부터 수저의 뒷면에 이르기까지 다양하게 새겨져 있다. 이를 뒤집어 놓는 것이 오히려 상대방에게는 재수 없는 노릇이 아닐 수 없다.

관계와 범주

어릴 적 수학여행에 가서 찍은 단체 사진처럼 여러 명이 나오는 장면이 아니더라도 오랜만에 사진첩을 들춰보면 하나같이 배경은 큼지막한데 인물은 여간 작은 게 아니다. 그러다가 유연히 외국 친구들의 사진을 보면 배경이 작아 언 듯 어디서 찍은 건지 알아보기가 쉽지 않다. 사소한 것 같지만 이런 차이를 니스빗(Richard Nisbitt)이 쓴 생각의 지도(The Geography of Thought)라는 책을 보면서 비로소 그 이유를 깨닫는다. 그는 책에서 다양한 실험 결과를 소개하는 데 이를테면 아래 그림에서처럼 소와 그 밑에 닭과 풀 그림을 배열하고 학생들에게 닭과 풀 가운데 어느 것이 소와 더 밀접하게 관계있느냐고 묻는다.

결과는 한국이나 일본, 중국 학생들은 대부분이 소와 닭의 관계를 지적하는 반면에 미국이나 캐나다 학생들은 소와 풀의 관계를 더 밀접하게 본다는 것이다. 이를 토대로 동양은 관계적 사고(Relationship Thinking)를 서양은 범주적 사고(Category Thinking)를 하기 때문이라고 풀이한다. 그리고 그 이유를 그리스 로마의 해양문화와 중국의 중원 문화 등으로 풀이한다. 여기서 중요한 것은 이러한 생각의 차이다. 이 때문에 우리는 '우리 집', '우리 식구', 심지어 '우리 엄마'와 같은 표현을 즐겨 쓴다. 동서양의 문화적 차이중 하나는 바로 이 '나와 우리'의 구별이다.

〈그림 8〉 범주형과 관계형 (출처: 생각의 지도)

우리의 우리식 표현은 소통을 방해하는 가장 큰 장애 요인의 하나다. 왜냐하면 우리의 생각이 내 생각보다 중요하기 때문이다. 남들과 다르면 안 된다. '모난 돌이 정 맞는다'는 식으로 튀면 안 된다. 창의적이기는 커녕 자발적인 발언조차 원천 봉쇄당하기 일쑤다. 이런 집단적 제약은 소통의 가장 큰 자원인 질문을 차단하는 원인이 되기도 한다. 해서 적지 않은 학생들이 수업 중에 질문할 사람 없느냐고 아무리 외쳐대도 침묵하다가 수업 시간이 끝나서야 교탁 앞으로 찾아와 참았던 질문을 쏟아내곤 한다. 이기적이어서도 안 되지만 종속적이어서는 더욱 안 된다. 소통에는 독립정신이 요구된다. 국제 사회에서는 더욱 더 그렇다.

남녀평등과 신사도

"왜 당신 일은 안하고 다른 사람 일에 관여하는 거지?" 사장이 한 얘기를 해석해서 이해하면 이 뜻이다. 처음에는 이 말을 알아듣지 못했다. 영어가 짧아서라기보다 상황이 얼핏 이해되질 않아서다.

사정은 이렇다. 다국적 기업에서 근무할 때의 일이다. 한국 지사장을 맡고 있는 사장은 독일계 미국인이다. 얼마 전 우리 부서에서 일하게 될 여자 과장을 한명 채용했는데 출근하기 전에 환영의 의미로 저녁 식사를 함께 하자고 제안한다. 마침 내 밑에서 일하게 될 직원이고 해서 나는 흔쾌히 사장과 함께 호텔 레스토랑에서 그 여직원을 기다린다. 시간에 맞춰 그녀가 입구에 들어서자 사장은 얼른 일어나더니 의자를 빼주는 것이 아닌가. 속으론 아, 이런 게 신사도인가 보다 하고 나도 얼떨결에 어정쩡한 자세로 일어났다가 엉거주춤하고 앉는다. 마침 이런 일이 있었던지라 출근길에 그녀가 납품받은 카다로그를 옮기기에 잠시 일손을 돕는데 사장이 보곤 자기 방으로 오라는 거다. 그리곤 한 얘기가 바로 이거다. 이야기라기보다는 일종의 꾸지람으로 들렸다. 잠시 혼란스러웠다. "아니, 언제는 환영의 의미로 밥을 먹자 느니, 일어서서 의자를 빼주느니 하더니..."이후 이 경험은 줄곧 내게 신사도와 남녀평등을 구분하는 귀중한 판단 기준이 된다. 지금 우리 사회는 빠르게 남녀평등을 지향해가고 있다. 사회 구석구석을 보면 여전히 뿌리 깊은 불평등이 잔재하지만 경우에 따라서 외견상으로는 역차별이라는 불만이 나올 정도로 그 균형점을 찾아가고 있다. 사회 전방위적으로 일어나고 있는 헤쳐모여가 이 곳에서도 예외는 아니다. 그러다보니 적잖은 시행착오가 발생하는 듯싶기도 하다. 사회학자 퇴니스의 구분을 빌어 내가 이해하는 남녀평등은 이러하다. 조직사회(Gesellschaft)적 관점에서는 성의 구별이나 차별이 있을 수 없다. 그것이 회사건 군대건 학교건 남자와 여자는 동일한 사회 구성원이다. 여기서는 약자에 대한 배려도 성에 의한 구별도 존재하지 않는다. 하지만 공동사회(Gemeinschaft)의 관점에서면 여성과 노약자는 보호받아야 할 대상이 된다. 영화 타이타닉에서 가라앉는 배를 떠나 구명정에 태우는 순서를 쉽게 알 수 있다. 남존여비나 장유유서가 뿌리 깊은 우리 사회가 국제화하는 과정에서 혼동을 일으키는 경우는 이 두 가지 사이의 충돌에서 비롯된다. 앞서 논의한대로 우리는 관계형 사회다. 범주적 혹은 개인적 사회인 서구에 비해 남녀도 장유도 관계의 틀을 벗어나질 못하고 있다. 필자는 여기서 서양의 질서만이 절대적으로 옳다는 주장을 펼치려는 게 아니다. 소통의 상대방이나 소통의 장소 혹은 문화 체계가 어디냐에 따라서 탄력적인 프레임을 적용할 필요가 있다고 본다.

미국과 중국 차이

"You are not here!", 사람이 버젓이 눈앞에 서있는데 나더러 "당신은 지금 여기 없어요" 라니... 허! 이게 무슨 해괴한 소리란 말인가? 분명 방문 교수 초청장을 첨부해서 대사관으로부터 비자까지 받고 입국했는데 정작 학교 담당자는 컴퓨터 모니터에 시선을 꽂은 채 내겐 눈길조차 주지 않으면서 내뱉는다. 해서 연구실과 기숙사 열쇠는 물론 신분증이나 도서관 출입증, 주차증 등 일체의 증서를 발급해 줄 수 없다는 것이다. 자기 컴퓨터에 입력된 사실이 중요할 뿐 내가 내민 여권이나 초청장 사본 등은 아예 거들떠보려고 하지도 않는다.

몇 년 뒤 중국에 교환 교수로 1년간 머물 기회가 생겼다. 대학원생들을 가르치는 만큼 급여를 받기 위해서는 취업 비자를 받아야 한다. 하지만 정작 학교에 도착해서 서류를 들이미니 초청장에 대사관 확인 도장이 누락되어 있다는 지적이다. 알다시피 중국은 아직도 당의 권력이 우선한다. 비록 관련 대학 학장의 초청으로 왔지만 당의 유권 해석을 앞서지 못한다. 남감하다. 하지만 방법을 가르쳐 준다. 가까운 홍콩으로 가서 그곳 영사관의 도장을 받아오면 된다는 것이다. 그러면서 자기들 사람을 한명 부쳐준다. 어디가도 편리하고 혹은 어디가 더 합리적인가를 가르려는 것이 아니라 문화적 차이와 이에 따른 소통 방식을 논하기 위함이다. 동 서양의 문화는 홉스테드(Geert Hofstede)에 따르면 집단주의와 개인주의요, 문화인류학자 홀(Edward Hall) 의하면 고맥락사회(High Context Society)와 저맥락사회 (Low Context Society)로 구분된다. 또 앞서 인용한 니스빗(Richard Nisbitt)에 의하면 관계형사회(Relation Society)와 범주형사회(Category Society)로 갈라진다. 소통의 제1원칙은 상대방의 준거틀(Frame of Reference)를 이해하고 수용하는 일이다. 우물에 빠진 개구리가 낳은 알이 올챙이가 되고 다시 개구리가 되었을 때 그가 빠진 우물이 원형인가 사각인가에 따라서 그 새끼가 그릴 수 있는 하늘은 동그라미 아니면 네모일 뿐이다. 절실한 외국어의 필요성에도 불구하고 늘지 않는 이유는 언어 그 자체 때문이 아니라 언어를 둘러싸고 있는 문화와 그 뿌리에 해당하는 역사에 대한 이해를 결여했기 때문이다. 해서 수학자 김용운은 언어와 역사 그리고 문화의 삼위일체 학습법을 주장한다. 국제 소통에서 이러한 접근은 더 없이 중요하다.

미래와의 소통

앞으로 20~30년, 지금의 학생들이 맞이하게 될 사회는 어떨까? 교단에서 가르치고 있는 만큼 이 부분이 늘 궁금하다. 하지만 늘 자신이 없다. 불확실하기 때문이다. 지금은 누구도 미래를 정확하게 예측할 수 없다. 마치 바람 빠지는 풍선마냥 그 방향이 불규칙하기 때문이다. 역사 발전의 궤적은 더 이상 과거 농업사회의 직선도 산업사회의 곡선도 아니다. 떨어지는 낙엽이나 피어오르는 담배연기와도 같이 그 궤적이 난해하다. 더욱이 향후 10년 내에 닥치게 될 특이점(Singularity)과의 조우와 그 이후의 상상은 더욱 난감하다. 특이점이란 인공 지능(Artificial Intelligence: AI)이 인간의 지능을 앞지르는 시점을 말한다. 알파고가 이세돌 9단과의 바둑 대국을 4승1패로 이기고 난 뒤 미래는 갑자기 무지개 빛이 아니라 두려움의 대상으로 변해버렸다. 그래서 애써 생각하려고 들지 않는다. 하지만 그런다고 해서 다가오는 미래를 피할 수 있는 것은 아니다. 필자는 학생들에게 다음 세 가지 변화에 주목해 줄 것을 당부한다.

첫째, 남북한의 통일이다.
둘째, 중국의 부상이다.
셋째, 모슬렘의 등장이다.

적어도 이 세 가지가 앞으로 젊은 세대의 삶에 크고 작은 영향을 미칠 것이며 따라서 이들 변화를 어떻게 수용하고 대화할 것인가가 중요하다.

남북의 통일은 물론 평화적 통일을 상정한다. 그렇지 못할 경우의 위기관리는 본 서의 내용을 벗어남으로 논외키로 한다. 남북의 통일은 단순히 국토의 확장과 일자리의 증가만을 의미하지 않는다. 남북간 경제 수준의 차이로 인한 부담도 우리가 분담해야 할 몫이다. 하지만 그 보다는 압록강을 건너 중앙아시아와 유럽을 잇는 육로의 확장은 고구려 이래로 우리 젊은이들의 활동 무대를 한층 넓혀줄 것이다. 문제는 이에 대한 대비다. 실크로드의 연장선상에 있는 국가들 이를테면 중앙아시아와 발칸반도, 동구 유럽 여러 나라들에 대한 언어와 역사 그리고 문화의 이해가 절실하다. 한 때 블루 오션과 레드 오션에 관한 논쟁이 뜨거웠던 적이 있다. 경쟁이 낮고 기회가 많은 곳이 블루 오션이며 이면우 교수가 말하는 '무주지선점전략(無主地先占戰略)' 즉, 임자 없는 곳에는 먼저 차지하는 사람이 주인이라는 서부 개척 시대가 열리는 것이다. 중국의 부상도 중요한 대목이다. 미국의 서점에 가면 두 가지 책만 있다. 하나는 머잖아 중국이 미국을 앞지를 것이라는 우려의 목소리요, 다른 하나는 결코 그렇게 되지는 않을 것이라는 낙관의 위로다. 두 나라 가운데 누가 1등인지는 우리에게 크게 중요하지 않다. 그보다는 중국이 미국 못지않은 강대국이 될 것이라는 점이다. 중국은 지리적으로 인접해 있을 뿐만 아니라 문화적으로 또 언어적으로도 가깝다. 중국의 언어와 문화 그리고 역사에 대한 깊은 이해는 국제사회의 소통력 확보에 절대적으로 유리하다. '세계 제1의 강대국 미국을 우습게 아는 나라는 북한뿐이고 중국을 가벼이 여기는 나라는 한국뿐'이라는 자조적인 농담을 재고해 보아야 한다. 우리는 중동과 모슬렘에 대해 무지하다. 이란과 같은 페르시아 문화권은 자신들이 이슬람 문화권으로 동일시되는 자체를 불쾌해한다. 우리가 아는 중동은 서방 특히 미국이라는 시각을 통해서다. 그리고 국내의 강력한 기독교 영향력이 이를 더욱 편협 화시켜 놓았다. 9.11이후 이러한 왜곡화는 더욱 더 심각하다. 각자 자신의 눈으로 저들을 이해할 필요가 있다. 세계 인구의 4분의 1, 세계 종교의 3

분의1에 육박하는 모슬렘 문화권은 그 성장 속도가 매우 빠르다. 70년대 중동 건설붐 말고는 우리에겐 금단의 지역으로 갇혀져 있던 저들에 대한 이해와 접촉은 불가피하다. 우리가 언어와 문화와 역사 등 지식을 넓히는 이유는 밖을 내다볼 수 있는 보다 큰 창틀을 얻기 위해서다. 이제 그 창문으로 북한과 중국 그리고 중동을 관심 있게 들여다 볼 때다. 그것이 곧 국제사회에 대한 소통을 확장하는 길이기 때문이다.

과거에서 배우는 미래

"과거를 깊이 알수록 미래를 더 멀리 볼 수 있다." 윈스턴 처칠이 한 말이다. 인류는 진화하는 걸까? 발전하고 있는 걸까? 진화나 발전을 어떻게 정의하느냐에 따라서 혹은 보는 이의 관점에 따라서 그렇다와 아니다로 달라질 수 있겠지만 필자의 생각은 "아니다"는 쪽에 더 가깝다. 특히 외견적 삶이 아니라 상황을 판단하고 의사를 표현하고 상대방의 의견을 수용하는 소통의 측면에서 본다면 전혀 그렇지 않다는 생각이다. 따라서 설득이나 협상을 포함하는 일체의 소통에 관한 교훈은 과거의 역사로부터 배우는 것이 가장 적절하다. 작금의 시국에 비추어 민심을 외면하고 여론을 업신여기는 통치가 예나 지금이나 어떤 결과를 초래하는지 고전의 예를 한 가지 들어보기로 한다. 기원전 350년쯤 전인 중국 춘추전국시대에 여러 나라의 일을 기록한 국어라는 책이 있다. 이는 춘추좌씨전과 함께 당시의 역사를 소상히 기록한 것으로 각기 외전과 내전으로 불리기도 한다. 여기에 실린 이야기 가운데 주나라 여왕은 성격이 포악해서 사람들로부터 많은 욕을 먹었다고 한다. 해서 소공이라는 신하가 왕에게 사람들이 더 이상 왕명을 따르려하지 않는다고 고하자 왕은 또 다시 바른 말을 하는 사람들을 잡아다 죽였다. 그 때부터 사람들은 일체 입을 열지 않고 은밀히 눈빛으로만 의사를 교환했다. 왕은 안도했으나 소공은 "백성들의 입을 막는 것은 흐르는 강물을 막는 것보다 더 위험한 일"이라고 간했다(방민지구 심어방천: 防民之口 甚於防川). 하지만 왕은 끝내 이 말을 듣지 않았고 마침내 3년 뒤에 왕위에서 쫓겨나고 말았다고 한다. 설득이나 협상은 다분히 개인 간의 소통으로 여기지만 다수를 상대로 하는 연설이나 강연에서도 원리는 똑같이 작동한다. 논어에 나오는 기소불욕 이면 물시어인(己所不慾 勿施於人)은 풀이하면 내가 싫은 거면 남에게도 강요하지 말라는 뜻이다. 성경(마태복음 7장 2절)에 나오는 황금율 곧 "남에게 대접받고자 하는 대로 남을 대접하라"와 비교하면 훨씬 더 포괄적인 의미를 담고 있다. 내가 하고 싶은 대로 해 주는 것보다 내가 싫은 부분을 살펴서 남에게 해가 되지 않도록 하는 것이야 말로 인간사의 극치라고 할 수 있다. 상대방과의 대화를 나누는 데 있어서도 내가 그런 소리를 듣는다면 어떨까를 앞서 헤아린다면 좀처럼 상대방에게 상처를 주는 일은 줄어들 것이기 때문이다,

관점과 해석

역사적 사건은 시간이 오랠수록 그 진위를 구별하기가 쉽지 않다. 그렇더라도 한 인물의 일련의 행각은 다분히 토론의 주제로 다루어 질만하다. 부산시 기장군 끝자락 죽성리 바닷가에 어사암이라는 바위가 하

나 있다. 이야기인즉 조선 고종 20년에 당시 세금으로 거둔 곡식인 대동미를 실은 배가 풍랑을 만나 이 근처에서 좌초되었다. 마침 기근이 심한지라 지역 주민들은 물속 가라앉은 배에 들어가 곡식을 내다가 주린 배를 채웠다. 이 일이 화근이 돼 어민들은 남녀노소 할 것 없이 모두 기장관아에 끌려가 구금됐고 훔친 곡식은 모두 압수됐다. 감옥에 갇힌 주민들은 매질을 당하고, 심지어 그 자리에서 맞아 죽은 사람도 생겨났다. 조정에서는 이 도난과 가혹한 고문사건을 조사하기 위해 1883년 이도재(李道宰 1848~1909년)를 암행어사로 내려 보냈다. 하지만 막상 와서 보니 죄질이 크질 않아 사면키로 하고 이에 양민들은 고마운 마음에 어사 이도재를 기리는 글씨를 바위에 새겼다. 문제는 바로 이 어진 암행어사 이도재가 이후 승진해서 전라도 관찰사로 부임하게 되고 갑오개혁이 있던 1894년 12월 동학 농민 지도자 전봉준 장군을 체포, 한양으로 압송하기에 이른다. 이야기는 거기서 그치지 않는다. 이듬해 이도재는 전주부관찰사에 이어 군부대신으로 이후 학부대신으로 높은 지위에 오르지만 단발령에 반대하여 끝내 사직하고 만다. 1896년에는 학부대신이 되어 지석영의 건의를 받아들여 한성의학교를 설치, 우리나라 최초의 서양의학 교육기관을 세운다. 이후 농상공부대신과 내부대신 등 전각료 부처를 두루 맡지만 1907년 총리대신 이완용으로 인해 박영효 등과 함께 다시 죄인으로 몰린다.

일반에겐 잘 알려지지도 않은 구한말 과도기의 인물 이도재를 어떻게 평가할 것인가? 옥석을 구분한다든지 다면 평가 혹은 상황적 고려 등은 회색 지대에 머무는 것과는 명확히 그 관점을 달리해야 할 것이다.

VI

텍스트에서 배우는 소통인문학

아래의 글들은 필자가 대학에 부임한 이래 지난 10여 년 동안 기록한 것으로 주로 학문에의 권면이나 연구 년으로 부재 시 상호 소통을 위한 것들이다. 앞서 고전에서 배우는 소통 인문학이 주로 읽기와 말하기의 훈련을 위한 자료라면, 이번 장은 주로 듣기와 쓰기 연습으로 개인별 혹은 대인별 교재의 예라고 할 수 있다.

개방형 국수주의

수업 시간이면 학생들에게 30만원만 있으면 떠나라고 재촉한다(이 돈은 일본 나리타 공항까지 가는 왕복 비행기 삯을 의미한다). 교수로서 무책임한 발언 같지만 이것저것 재다가 시간을 버리고 기회를 놓치는 젊음이 안타까워하는 말이다. 일단 떠나면 다 되게 마련이라고 공갈(?)을 늘어놓는다. 굳이 '높이 나는 새가 멀리 본다.'는 그럴듯한 격언이 아니더라도 좌우지간 새로운 걸 보고 듣고 와야 한다. 세상이 어떻게 변하고 돌아가는지 직접 겪어보기 전에는 알 수 없다. 혹자는 반론한다. "지금이 어떤 세상인데 굳이 시간 버리고 돈 버리고 돌아다니느냐"고. 인터넷만 열면 아니 위성 방송만 봐도 세상 돌아가는 모습을 훤히 알 수 있단다. 이게 큰일 날 소리다. 선무당이 사람 잡는다고, 나가서 직접 부대끼며 이러 저런 설움과 고민을 직접 겪어보지 않고는 세상을 안다고 할 수 없다. 이것이 내가 말하는 '국제'요 이러한 국제 감각을 갖춘 사람은 비로소 '국수'일 수 있다. 이것이 내가 주장하는 '글로벌(혹은 개방형) 국수주의'다.

상대는 알지도 못한 채 무조건 내가 옳다는, 나만이 잘났다는 대원군

식의 '폐쇄형 국수주의'는 자멸을 초래한다. 하지만 빠르게 헤쳐 모이는 국제 사회에서 상대와 어울리면서도 나를 잃지 않을 수 있는 유일한 선택 그 것이 바로 '개방형 국수주의'요 그 방법은 오로지 나가서 부대껴 보는 거다. 내 앞에서 돈이 없다고 시간이 없다고 하지 마라. 나도 거기에 대한 대안은 없다. 단지 닥쳐 올 미래가 보일 뿐이고 그래서 두려울 뿐이다

얘기가 옆으로 비껴간 듯 하지만 그리 멀리 가진 않았다. 일찍이 나를 열린사회로 인도한 주변의 선배들께 감사하다는 말을 하고 싶어선 데 서두가 길어졌을 뿐이다. 그 고마움을 갚는 가장 바른 길은 나 역시 내 후배들을 그리로 내 모는 것이라 믿기에 난 오늘도 그들의 등을 떠 민다.

마음의 감옥

며칠간의 무리한 여행 끝에 드디어 감기 몸살, 평소 힘들던 자전거가 더욱 더 무겁다. 마치 뒷 브레이크를 잡고 페달을 밟는 기분이다. 그런데다가 어제는 누군가로부터 최근의 사진이 무척 늙어 보인다나?

여러 가지를 종합 해 볼 때 나도 이제 확실히 늙었나 보다. 헌데 오늘 중국어를 가르치는 학생이 "선생님 자전거에 바람이 다 빠졌네요." 한다. 바람을 다시 넣고 달리니 웬걸, 뒤에서 마치 바람이라도 부는 듯싶다. 며칠 세워둔 틈에 바람이 더 빠졌는가 보다.

그러고 보니 며칠 째 아프던 몸도 기운이 돌고 회복되는 느낌이다. 어제의 글을 보니 역시 우울과 외로움의 정수다.

아! 그토록 자유분방함을 추구했건만 겨우 이 정도인가?

어제 도서관에서 가이아(Gaia)니, 마음과 자연이니 하는 초월적 존재에 관한 책들을 잔뜩 빌렸건만 지식은 사유의 자유함을 한 치도 넓히지 못한단 말인가? 이래 가지고 학문이 무슨 소용이 있단 말인가? 차라리 다 접고 면벽수도 하니만 못하지 않은가? 육신의 가벼움이 마음의 부끄럼 되어 사그라든다.

이 창살 없는 감옥에서 언제쯤이나 벗어날꼬.

음력 정월 초이틀, 예년 같으면 아직 구정 연휴의 느긋함이 이어질 시간인 데 휴일이 짧아서인지 도서관엔 졸업을 앞둔 취업 준비생들로 붐빈다. 그들의 얼굴에 담배연기만큼이나 메마름이 덮여있다. 낯익은 한두 명에게 새해 인사를 건네지만 돌아오는 답은 윤기가 없다. 무엇이 이들을 초조하게 하는가?

인생을 절반 넘게 살아오며 뒤돌아보면 대부분은 기우였다는 고백을 하게 된다. 쓸데없는 걱정이었단 말이다. 준비하고 노력하면 더는 못돼도 그만큼의 보상은 있었다. 물론 남들만큼의 행운이나 덤이 있었으면 하는 바램도 가져보지만 욕심이었다. 그래도 앞을 보면 여전히 걱정이다 해서 한 마디 위로를 전하고자 한다.

중학생 시절 죽도록 피하고 싶었던 곤란함을 기억하는가? 그 어려움이 고등학생이 되어 돌아봤을 때 그리도 심각한 것이었던가? 아니었을 게다. 마찬가지로 고교시절의 좌절은 대학생이 되어 보면 별거 아니다. 그렇다. 지금 제군들의 근심은 서른의 장년이 되어 돌아보면 가벼운 거다. 그렇게 무게를 줄이거라. 세상살이를 평균에 맞추자. 군대, 거의가 다 무사히 다녀오지 않던가. 사회생활 거의 대부분이 그렇게 꾸려가지 않던가. 나라고 그 대열에서 떨어질 극히 낮은 확률에 해당하겠는가? 이 겨울 그렇게 달래며 지내게. 나를 힘들게 하는 건 나 자신뿐이라네.

흙장난의 추억

아주 어릴 적 집 앞 넓은 마당에 커다란 원을 그리고 그 안에서 각기 손바닥으로 뼘을 재가며 자기 영역을 넓혀가는 놀이를 하던 기억이 난다. 고사리 같은 손을 벌려야 얼마나 커지겠으며 또 남보다 더 넓게 차지해야 무슨 보상이 있는 것도 아니니다. 땅거미가 질 무렵 누군가의 집에서 먼저 "밥 먹어라"하는 소리가 나면 아이들은 약속이나 한 듯 그동안 열심히 그린 땅바닥의 영토를 발바닥으로 슥슥 문질러 지우고 각기 집으로 돌아가곤 했다.

이따금 어머니를 찾으러 경노당에 가면 그 곳엔 학식도 재산도 별 구분 없이 그저 한 사람의 삶으로 각자를 대하는 모습을 보곤 한다.

오늘 지리산으로 떠난 친구를 생각하며 또 한 번 인생의 회귀를 깨닫는다. 이제 머잖아 우린 그 동안 의사로 교수로 혹은 대기업의 임원이나 사장으로 또는 변변치 못한 직업으로 지냈다 하더라도 그 모든 것과 상관없이 한 마음으로 친구가 있는 지리산 자락으로 모일 게다. 그 곳에서 우린 그 동안 우리가 열심히 그렸던 땅바닥의 영토를 지울 게다 발바닥이 아닌 마음으로, 그리고 나면 남는 마지막 한 가지

사랑으로 서로를 바라보게 될 것이다. 다소 거칠지만 우리 속담에 '고기도 먹어 본 놈이 맛을 안다'는 표현이 있다. 지휘고하를 막론하고 거머쥐려는 속성은 이 가져보지 못한 데서 비롯된다. 해서 닥치는 대로 챙기고 거둬드린다. 하지만 이 소유의 강박관념은 스스로 그 한계를 설정하고 지키기 어렵다. 그러다 보니 가진 것을 누릴 줄 모른다. 모으느라 그럴 시간이 없다. 아니 누리는 법을 미처 배우질 못한다. 누리는 심정은 가져본 뒤에라야 가능하지만 꼭 그렇지만은 않다. 배움으로 인생의 가치, 삶의 의미를 깨달아도 가능하다. 주위에 경제적으로 넉넉지 않

아도 정신적, 문화적으로 풍요로운 삶을 누리는 삶을 사는 사람을 볼 수 있음은 바로 이 때문이다. 때로 외국의 지위 높은 사람이 가족을 위해 자신의 사회적 신분을 쉽게 포기하는 것을 보는 이유도 이 때문이다. 중세 유럽의 예술은 귀족의 풍요에서 가능했다. 그렇다고 해서 서민의 삶에 여유와 만족이 없었던 것도 아니다. 가장 바람직하게는 가지고 누릴 줄 아는 것이겠지만, 있어도 누릴 줄 모르는 삶과 없지만 누릴 줄 아는 삶- 학생들에게 이 질문을 하기 두렵다. 이 세대가 너무 물화되었기 때문이다. 내 빈 주머니에 대한 변명으로 들을까 조심스럽다. 하지만 난 그래도 이 삶을 권한다. 내 아들에게 조차도. 가지면 떠나기 어렵다.

노을(路乙)의 변

소위 잘 나가는 대기업과 다국적 기업에서의 직장 생활을 뒤로하고 야심차게(?) 마케팅 컨설팅 사업을 시작한 게 지금부터 15년 전 30대 초반 시절이었다. 클라이언트와 마주 앉는 순간 나는 몹시 당황했다. 내게는 다리를 앞으로 뻗을 공간이 주어지지 않았음을 그제야 깨달은 것이다. 줄곧 고객의 입장에서 거래처 사람들을 만날 때마다 회전의자에 기대어 아무 생각 없이 책상 밑으로 다리를 뻗던 기억이 새로웠다. 비로소 '을'의 길에 들어섰음을 절감하는 순간이기도 했다. 그리고 지금 인생을 돌아본다. '갑'과 '을'에서의 길을 반추하며.

그러고 보니 나는 지휘선상에 있을 때보다는 참모의 역할을 할 때 그리고 갑의 입장에서 보다는 을의 심정에 더 가까운 듯 싶다. 나를 아는 지인들은 컨설팅 사업을 하던 수년을 제외하고는 줄곧 갑의 입장에 섰으니 무슨 소리냐 할지 모르겠지만 심정적으로 그렇다는 얘기다. 이것이 굳이 내 아호를 '甲의 길'보다는 '乙의 길'로 호칭하려는 첫 번째 이유다.

땅거미 혹은 석양으로도 불리는 해질녘의 어스름을 난 사랑한다. 백발이 성성한 나이에 웬 소년 같은 감상이냐고 할는지 몰라도 난 하루 중 이때가 좋다. 저녁 무렵 노을을 대할 수 있는 조건은 두 가지다. 하나는 그 날의 일기가 적당히 맑았느냐 이고 또 하나는 그 날의 일정이 노을을 즐길 만큼 만족스러웠냐는 것이다. 둘 중 하나만 부족해도 노을을 놓치기 십상이다. 영어 단어 가운데 twilight라는 발음도 그렇거니와 나름대로 일몰과 일출 사이의 마지막 빛이라는 의미부여에서도 아스라함을 느낀다. 지난 한 해 연구 년을 대륙이 넓은 미국과 중국에서 보낼 기회가 있었다. 이 때 해 질 무렵 서쪽을 향해 운전하고 가노라면 아주 오랫동안 노을이 지는 모습을 보게 된다. 이 때의 느낌은 그 아양한 성분을 이루 말할 수 없다. 아늑함, 포근함, 외로움, 서글픔, 그리움 등등.

이게 내가 노을이라는 이름을 사랑하는 두 번째 이유다. 앞서가 이성적이라면 이는 감성적이요, 하드웨어적이라면 소프트웨어인 셈이고, 외면이라면 그 내면에 해당한다고 할 수 있다.

거세된 야성

외환위기 이후 지속되는 고용 불안은 모두에게 안정적인 취업에의 욕구를 강력하게 자극한다. 공무원 시험에 몰리는 이유도 그 때문이다. 불안정한 시대에 안정 혹은 안전을 추구하는 것을 나무랄 수 만은 없다.

하지만 안전은 도전과 상반되며 모험심을 약화시킨다.

비닐하우스 속의 식물
새장 속의 새
횟집 수족관 속의 물고기
내 보기엔 모두가 산소마스크를 쓰고 누워 있는 환자처럼 보인다.
모험하다 실패하면 당신이 책임질 거냐 따지려 들지도 모른다.
하지만 내 삶을 돌아보면 승률이 대략 10에서 20% 즈음되는 듯 싶다.
평균해서 15%정도 즉, 일곱 번에서 여덟 번에 한번 정도로 승산이 있었던 것 같다.
며칠 전 한 학생이 인턴 서류 면접에 떨어졌노라고 낙담해 찾아왔다.
내 경험으로는 그만큼 남은 승률이 높아진 게다.
한 서너 번쯤 실패하면 서서히 오기도 생기고 그 동안의 노하우(떨어지면서 축적된)로 요령도 붙는다. 해서 이후로는 점차 자신이 붙는다.
하지만 새로운 일에 도전하노라면 똑같은 과정을 되 밟는다.
그래도 크게 낙담하지 않는 것은 이전의 경험 법칙 때문이다.
하지만 요즘 학생들에게 권면하기에 힘이 부친다.
내 나이 탓인가?
아님, 내 때보다 더 어려워진 세상 탓인가?
그래도 아쉽다.
야생마처럼 들이대는
거친 젊음이.....

실패의 소회

아! 이름이 없다. 이번엔 내심 기대를 했는데, 하긴 기대 없는 시도가 어디 있겠는가 마는, 실패는 늘 씁쓸하다.

돌아보면 삶 속에서의 온갖 승패는 그 확률이 절반에도 훨씬 미치지 못한다. 그 승률을 가지고 난 예까지 온 게다. 보는 이에 따라서 제법 멀리 간혹은 형편없는 수준일 수도 있다. 하지만 중요한 건 세간의 평가와 상관없이 난 비교적 내 삶을 자유롭게 즐겨왔다는 거다. 내가 삶에서 추구하는 두 가지 목표; 그 것은 자유와 만족이다. 승률은 낮을지 몰라도 나름 즐겁고 자유로운 삶이었다. 허나 실패를 맞이할 때의 그 씁쓸함은 도무지 면역이 되질 않는다. 아니 돌이켜 보면 성취에의 기쁨은 오히려 줄어드는 듯 싶은 데 실패의 쓰라림은 매번 처음만 같다. 전혀 익숙해지거나 둔감해 질줄 모른다. 하지만 잠시뿐이다. 이 찝찝한 기분을 견뎌내면 마치 따끔한 주사 뒤에 약기운이 온몸에 퍼지며 통증이 사그라들 듯 다시 의욕이 살아난다. 이전보다 더 생생한 느낌으로. 지금은 주사바늘이 몸에 꽂혀 있고 잠시 후 약이 퍼질 때면 온몸이 뻐근할 게다. 하지만 잠시만 참으면 몸이 가벼워질 거다. 난 안다. 여러 번 경험했으니까. 지금은 약기운이 가시길 기다릴 때다.

자율 귀양

글쎄, 이런 표현이 적합할는지 모르겠다. 본시 귀양은 사전에 보니 “옛날 죄인을 먼 변방이나 외딴섬에 보내어 살게 하던 형벌”이라고 적혀있는 것으로 보아선 아마도 적절치 못한 듯싶다. 그래도 굳이 이런 표현을 고집하는 이유로는 첫째, 내 평시의 삶이 신앙적으로나 스스로의 반성 기준에 비추어 적절치 못하기 때문이다. 특히, 기독교인으로서 나는 죄인이다. 둘째, 먼 변방이나 외딴섬에서의 삶이 필요해서다. 셋째, 이런 형벌이 내게 반성과 자기 성찰의 계기를 마련해 준다. 하지만 무엇보다도 일상의 삶에 떠밀려 늘 숙제처럼 떠안고 사는 부채를 청산하기 위해서다. 그 것이 구체적으로 무엇인지는 나도 잘 모르겠다. 하지만 사색과 명상, 독서와 글쓰기, 일상에서는 모르고 지냈던 함께하는 사람들에 대한 그리움으로 인한 자기반성.... 아마도 이런 것 들이 나를 스스로 격리시키려는 이유이리라. 해서 나는 이를 '자율 귀양'이라 이름한다.

그리고 이웃에게 한번쯤 권해 본다. 특히 아무리 평균 수명이 길어졌다고는 해도 삶의 절반을 통과하고 있는 중년들에게. 물론, 나는 교수라는 조금은 유리한(?)직업을 갖고 있다. 하지만 나의 이러한 격리 반성은 비단 교수이기 때문만은 아니다. 이 전에 사회에서 직장 생활을 하면서도 나는 출장 때면 업무를 끝내놓곤 잠시나마 일상에서 벗어나곤 했다. 낯모를 저잣거리를 헤맨다든지, 서점에서 혹은 인적 드문 관광지에서 조차 익숙한 것과 떨어져 있는 자신을 스스로 돌아보곤 했던 것이다. 지금은 단지 그 때보다 시간을 길게 잡을 수 있을 뿐이다.

노교수의 눈물

언젠가 어디선가 누구로부터 들은 얘기다. 영어 연구에 한 평생을 바쳐온 노 교수가 어느 날 런던 시내의 한 공원을 산책 중이었다. 그 때 저

만치 나무 그늘 밑에 앉아서 책을 읽고 있는 어린 여자아이가 눈에 들어왔다. 가까이 다가가니 시집이었다. 그리고 그 어린아이의 눈에는 눈물이 가득 고여 있었다. '음! 슬픈 시를 읽고 있었구나.'하고 돌아서려는 순간, 이 노교수의 두 눈에도 눈물이 글썽였다. 일생 동안 영어를 공부한 자신은 그 아이가 읽고 있는 것이 슬픈 시라는 것을 알았을 뿐, 느낌은 어린 아이에도 다가가지 못하는구나 하는 회한의 눈물이었다는....

오늘 수요 예배 설교에서 마침 어제 저녁에 읽은 사도행전의 그 구절이 말씀에 핵심이었다. 헌데 왜 난 어제 그런 느낌이 없었을까? 여기 중국에 온 이유가 머리로가 아니라 마음과 몸으로 익히러 왔다고 공언하지만 요원하다. 아!

읽고, 이해하며, 깨닫고, 실천하며 마침내 주변에 영향을 끼치기까지의 길은 너무 멀다. 나이 50을 이미 넘긴 지금, 읽고 이해하며 깨달으려는데 까지 40년이 걸렸는데 언제라야 실천하고 영향을 미칠 수 있단 말인가? 숨이 가빠온다.

멋과 삶

연예인들은 바라보기에 멋있다. 하지만 그들의 삶도 그럴까?

미학에서는 '거리는 아름다움을 소멸시킨다'고 한다.

다가가면 그 멋이 사라져버리기 때문이다. 마치 강 건너 초원처럼 멀리서 바라볼 때 시원하고 깨끗한 풀밭이 가까이 다가가면 소똥도 있고 쓰레기도 지천으로 눈에 뜨이는 것처럼 말이다...

누군가는 내 삶이 멋있어 보인단다.

멀리서 바라보는 남의 삶이어서 그럴 게다. 세탁기 돌리며 라면을 끓이는 내 삶은 결코 멋과는 거리가 멀다.

단지 자유로울 뿐이다. 그리고 그 자유를 위해 때로 위경련처럼 찾아드는 고독함을 감내할 뿐...

지금껏 살아 온 삶이 인생의 연기자였을 뿐, 진정한 연출가는 아니란 생각이 불현듯 스칠 때 어찌할 것인가?

석양이 아름다운 건 황혼이 가깝기 때문인가?

하지만 단테의 고백처럼 갈 길은 아직 먼데 해는 벌써 중천을 넘어

서산으로 기울어 가니 길에 선 나그네는 오늘도 쉴 수가 없구나.

남은 날을 헤아리는 건 그리 초조하지도 아쉽지도 않다.

단지 나보다는 누군가에게 더 유익하고, 가치 있으며 필요 되고

싶을 뿐...

나는 이미 중간 결산에서도 받은 게 훨씬 많음에 감사 한다.

안정이라는 유혹

어느 일간지가 최근 이코노미스트 기사를 인용 보도한 내용을 다시 옮겨 놓는다.

"능력 있는 한국 청년들의 창업을 가로막는 장애물은 꿈을 낮춰 잡도록 몰아가는 사회라고 영국 경제 주간 이코노미스트가 14일 보도했다.

이 잡지는 최근호 `한국, 임금 노예 줄이고 창업 늘려야`라는 제목의 기사에서 재벌 중심의 한국에서 창업에 성공한 휴맥스, NHN, 엔씨소프트 등의 기업들을 소개하며 한국의 젊은이들이 재능이 있지만 창업의

길이 막혀 있다고 지적했다.

보도에 따르면 한국 경제는 모든 분야에 촉수를 뻗치고 있는 재벌의 지배를 받고 있으며, 재벌은 한국의 경제발전에 핵심적인 역할을 했지만 신용을 독식함으로써 후발주자들의 부상을 막았다는 것이다. 이로 인해 모든 사람들은 재벌과는 경쟁하지 않는다는 원칙을 갖게 됐다고 이 잡지는 전했다. 실제 똑똑한 자녀를 둔 부모들은 자녀의 직업으로 대기업 사원이나 공무원, 전문직 등 안정된 직업으로 유도한다.

이 잡지는 "일본에서처럼 한국에서도 샐러리맨이 자영업자 보다 훨씬 더 존경을 받는다"면서 "한국에서는 안정이 최고"라는 한국 부모의 말을 전했다. 그러나 근래 들어 청년실업이 심각해지면서 1인 창업 기업이 늘고 있으며 특히 청년 창업자들은 장벽이 없는 소셜 미디어나 게임 등 정보통신(IT)분야를 선호하고 있다고 이 잡지는 소개했다.

이코노미스트는 "이명박 대통령은 한국에 페이스북을 창업한 마크 저커버그가 없음을 아쉬워했다"면서 "총명하고 정력적인 젊은이들이나 숨 막히는 규제가 문제라기 보다는 최고의 젊은이들에게 꿈을 낮춰 잡도록 몰아가는 사회가 창업을 막는 진짜 장애물"이라고 끝맺었다.

그래! 안정만큼 사람을 유혹하는 마약도 드물지.

우리 젊은이들이 타고난 야성을 채 펼쳐보기도 전부터 거세당한 채 안정된 직장, 안정된 장래를 희구하는 걸 보면서 그들을 탓하기 전에 자식의 도전을 미리 염려하는 그 부모 세대를 비난하곤 했지. 왜, 험난한 세월을 치열하게 살아오고 자식에겐 나약한 안정을 기대할까? 치러낸 전투가 너무 험해서 대물림하기 싫어서겠지.

하지만 내가 군대 가서 힘들었다고 자식을 빼돌리면 정작 그 나라는 어떻게 될까?

자식을 둔 부모로서 나 또한 홀가분한 문제는 아니다. 하지만 정년보장이란 안정장치가 무릎을 펴고 훌쩍 뛰게 하는 걸 힘들게 했을지도 모른다는 반성이 든다. 그럼에도 자식과 제자의 등을 떠밀게 하는 마지막 용기를 내게 일깨운다.

저자 주: 이하는 윗글에 대한 누군가의 댓글이다(토론을 이어가기 위해 참고가 되기를):

장문의 댓글을 달다가 미처 끝을 못 맺어 잠시 다른 곳에 저장해 두었다가 읽어보고는 스스로도 별로 공감이 가지 않아 다시 생각해 봅니다.

안정과 불안정적인 삶에 대한 글이었는데, 곰곰히 생각해 보니 우선 '안정'이란 것이 존재하는가 라는 생각을 하게 되네요.

주변에 조금 더 나은 조건(학벌, 집안, 재력 등)을 가지고 있는 사람들의 고민의 주제가 '생존'과는 다소 동떨어져 있기 때문에 '안정적'인 삶을 살고 있다고 봐야 하는 지에는 동의하기 어려운 측면이 많습니다.

결국 안정의 개념을 생존의 안정에서 조금만 더 확대해서 보면, 요즘 세상에 안정이란 없는 거 같다는 생각을 합니다. (너무 지나치게 확대하면 '가진 자'들의 배부른 소리로 변질될 수 있겠지만요) 타고난 야성을 펼치기 위해 죽어라 살면(공부/일), 그 결과로 주어지는 것은 안정이 아니라 또 다른 곳에서 죽어라 살아온 자들과 새로운 생존경쟁인 경우가 많지요.

산업재해가 아닌 일반 사무직의 과로사 비율로 볼 때 안정적인 공무원 집단의 사망 비율이 여느 경쟁집단(대기업 등)보다 높다는 건 '안정'이 곧 생존의 안정으로 연결되지는 않는다는 점을 보여주고 있지요.

제 경험에, 누가 봐도 안정적인 삶을 산 사람들 조차도 스스로의 삶을 치열했다 자평하고 'My Way'를 부르며 인생을 회고하는 모습을 많이 봅니다. 또한, 대기업 다니다 뛰쳐/밀려나와 지금은 자기 사업을 하는 몇몇 사람들이 과거의 영광을 떠 올리며 지금은 그때보다 더욱 치열하고 비장한 삶을 산다고 말은 하지만, 실제로는 그렇지 않은 경우도 많은 거 같구요. 다른 얘기로 돌아가서, 우린 많은 순간 안정을 핑계로 다른 무언가를 포기하는 게 아닌가 합니다. 그나마도 그 안정이란 건 실제로 존재하지도 않는데 말이죠. 삶 자체는 열역학인가에 나오 듯 부동인 것처럼 보여도 끊임없이 움직이고 있는 불안정 상태가 아닌가 합니다.

즉, 안정적인 삶이란 존재하지 않으나, 안정적인 느낌으로 살고 싶다면 평생 붙들고 살 수 있는 가치나 철학이 있어야 할 거 같습니다.

젊어서는 자유주의 속에 헤엄치며 사상에 방황하다 세상에 이것저것 바꾸고 싶은 것 투성인 게 정상이지만, 공자가 말하는 '불혹'이 되어서도 목숨 걸고 지켜야 할 가치가 무엇인지 모른다면 그건 불안정적인 삶이 되겠지요.

무엇을 붙들고 살지를 알면 직업관이나 결혼관은 물론 전반적인 인생관에도 흔들림 없는 삶을 살 수 있지 않을까 싶습니다.

이 글을 읽는 다른 독자들의 생각을 듣고 싶다

VII

소통인문학을 위한 자기성찰

자기 설계

스토리텔링은 들어봤지만 스토리두잉이라는 용어는 다소 생소하다. 스토리텔링을 위키피디아에서 찾아보면, '단어, 이미지, 소리를 통해 사전, 이야기를 전달하는 것이다. 스토리 또는 내러티브는 모든 문화권에서 교육, 문화 보존, 엔터테인먼트의 도구로써, 또 도덕적 가치를 가르치는 방법으로써 공유되어 왔다. 스토리텔링에는 줄거리(plot), 캐릭터, 그리고 시점이 포함되어야 한다.'고 되어 있다. 그밖에 롤랑바르트는 서사구조 분석입문에서 '스토리텔링은 서사학(Narratology)이다'라고 말하고 있고, 닐스(John D. Niels)는 2009년 자신의 저서 광고와 스토리텔링에서 '이야기 하는 사람'으로 설명한다. 미래학자인 랄프 옌센(Rolf Jensen)은 그의 책 드림소사이어티(Dream Society, 1999)에서 '이야기는 가치에 대한 진술로 지극히 주관적인 것이다.'라고 하고 있으며, 언어학자인 크리스티앙 살몽 또한 자신이 쓴 책 스토리텔링에서 '스토리텔링은 이야기를 만들어서 정신을 포맷하는 장치'라고 정의하고 있다. 이 가운데 관심이 가는 것은 마지막 살몽의 정의다. 즉, 이야기를 만들어서 정신에다가 입력시키기 위한 노력 혹은 그 행위가 바로 스토리텔링이라고 할 수 있다. 이를 극명하게 보여주는 사례를 김춘수의 시에서 찾아볼 수 있다.

"내가 그의 이름을 불러주기 전에는 /그는 다만 /하나의 몸짓에 지나지 않았다.

내가 그의 이름을 불러주었을 때 /그는 나에게로 와서 /꽃이 되었다."에서 보이는 것처럼 꽃이라는 객체는 전적으로 그를 바라보는 나의 해석에 따라 얼마든지 달라질 수가 있다. 시의 말미에서 시인은

"우리들은 모두 /무엇이 되고 싶다 /나는 너에게 너는 나에게 /잊혀지지 않는 하나의 의미가 되고 싶다" 토로함으로서 스토리텔링이 갖는 의

미와 가치를 역설한다. 선사시대의 신화로부터 일리아드와 오딧세이를 거쳐 전 인류사에 흐르는 서사는 어쩌면 사회생활을 하는 인간의 본능 내지는 본성가운데 한가지라고 할 수 있다. 그렇다면 스토리두잉이란 무엇인가? 같은 제목의 책[15]을 쓴 저자중의 한 사람으로 필자는 스토리텔링이 말과 글에 의한 소통이라면 스토리두잉은 몸과 행동으로 표현하고 전달하는 소통이라고 간략히 구분한다. 그 배경에는 역시 사회변화가 자리한다. 농업사회는 모든 것이 물리적(가시적) 거리 안에서 이루어졌기 때문에 의식주에 관한 모든 지식이나 노하우를 그저 선배나 윗사람이 하는 대로 따라 하기만 하면 되는 세상이었다. 할아버지나 아버지처럼 지게지고 낫질하며 할머니나 어머니처럼 호미 들고 밭가는 법을 배우고 익혔다. 흙 담벼락을 올리고 초가지붕을 얹는 법도 어른들을 도우며 방법이나 요령을 깨우쳤다. 천자문을 외우고 안보고 쓸 수 있을 때까지 쓰고 또 썼다. 생존에 관한 모든 노하우를 선배들이 쥐고 있으니 따라하지 않을 방법이 없다. 그러다가 산업사회를 맞이하게 된다. 기계는 매뉴얼대로 따라 하기만 하면 된다. 반복하면 숙달될 수는 있겠지만 초보자라도 작동이 가능하다. 더군다나 생산성을 향한 끝없는 분업과 하루가 다르게 변화하는 기술은 반복해서 숙지할 시간적 여유를 허락하지 않는다. 윗사람의 권위는 사라지고 오로지 규모의 경제(scale of economy)가 지배하는 세상이다. 그러던 것이 어느새 정보사회로 변화한다. 탈 중심화, 탈 대량화 현상이 빠르게 일어난다. 다품종 소량시대다. 수백, 수만의 사람들에게 동시에 각각 다른 메시지를 발송할 수 있게 된 것이다. 지구상의 인구는 과거 농업사회에 비해 열배이상 늘어났지만 디지털 기술은 그 때보다 빠르게 개인적 접촉과 소통을 가능케 한

15) 김일철.유지희(2014),"스토리두잉:인문학시대, 대중의 마음을 얻는 소통의 기술",컬쳐그라피

다. 다시 말과 글이 아니라 몸과 행동으로 드러내고 보여주어야 하는 세상이 도래한 것이다. 이것이 저자들이 정의한 스토리두잉의 개념이자 출현배경이다.

따라서 스토리두잉을 하는 스토리두어의 관점에서 자기 점검이 필요하다. 아래 그림은 앞서 논의한 5가지 항목 곧 꿈,끼,꾀,끈,꼴의 관점에서 자신의 비전과 목표를 세우고, 숨겨진 감성을 발견하며, 갖고 있는 지식과 정보를 점검하고, 사회적 관계망을 정비하여 이를 토대로 하는 자기만의 브랜드 즉, 자기 정체성을 도출하기 위한 작업이다. 물론 자기 정체성은 자신이 생각하는 것이고 외부 곧, 사회에서 바라보는 이에 관한 이미지와는 차이가 있다. 나의 정체성과 나의 이미지 사이의 간극을 발견하고 그 원인을 분석하여 내가 바라는 나의 정체성의 방향으로 좁혀가는 과정이 결국엔 소통인문학이 지향하는 방향이요 목표점이 되는 것이다

.

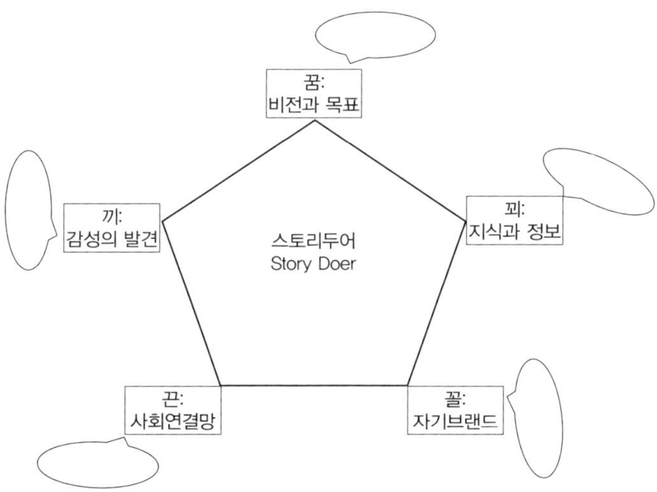

〈그림 9〉 5'ㄲ'와 자기비전 설계 모델

시간 개념 분석

인류가 지구 상에 나타난 게 언제쯤일까? 우주의 역사는 137억 년 지구는 40억 년, 인류는 대략 20만 년 전쯤이고 오늘의 호모 사피엔스는 5만 년 전이라고 하지만 이런 시간 단위들이 손에 잡히는가? 고작 100년도 못사는 생명체로선 만년 십만년 심지어 일억년 등의 단위가 너무 멀게 만 느껴진다. 하지만 한 가지 분명한 사실이 있다. 시계가 있었든 없었든지 간에 인간에게 주어진 하루는 해가 뜰 때부터 다음 날 다시 뜰 때까지 오로지 24시간뿐이라는 것이다.

해는 여전히 같은 시간에 떠서 비슷한 시간에 지고 달 또한 그러하지만 여기에 맞춘 우리의 하루의 삶은 변해도 너무 많이 변해 버렸다.

내가 대학 다니던 시절, 지금으로부터 불과(?) 한 세대 전의 일이다. 서울에 유학하는 자식에게 읍내에 나가 전화로 하숙집을 통해 우체국에서 우편환으로 송금했으니 내일이나 모래 찾아서 학교에 내라는 부모님의 통보를 받은 기억에 비하면 요즘의 인터넷 뱅킹은 빛의 속도다. 그 때나 지금이나 잠자는 시간도 하루 세끼 밥먹는 시간도 빼 놓을 수 없는 일상이고 보면 당연히 시간에 대한 개념도 관리 방법도 달라져야 한다. 더욱이 그것이 문화적 차이를 보이는 만큼 글로벌 시대에 사는 우리로서는 시간과 공간을 어떻게 정의하고 관리하느냐가 인생 성패의 관건이라고 해도 크게 틀린 말은 아니라고 생각한다.

국가 간 문화 분석으로 유명한 트롬프너(Fons Trompenaars)[16]는 아래 그림과 같은 실험을 통해서 나라마다 시간에 대한 인식 차이를 조사한바 있다. 세 개의 원을 각각 과거와 현재 그리고 미래로 구분하고 그 중요

---

16) Fons Trompenaars(1997),“ Riding the Waves of Culture: Understanding Diversity in Global Business,”McGraw-Hill

도에 따라서 크기에 차이를 두는 방식으로 이를테면 현재나 미래보다는 과거를 중시한다면 과거를 제일 큰 원으로 그리게 하였다. 다음으로 현재가 과거로부터 자유롭지 못하다면 과거와 현재의 원을 중복시키는 방법으로 해서 피 조사자의 시간관과 연관성을 조사하는 방식이다. 조사 결과는 당연히 나라별로 다르게 나타났다. 그 해석에는 지리적 종교적 혹은 사회 문화적 요인에 따라 다양하다.

이와 유사한 연구로는 홉스테드(Geert Hofstede)[17]의 국가간 문화적 척도에 관한 조사가 있다. 이러한 시간관의 파악은 본인의 경력 관리를 위해서는 물론 상대방과의 소통 특히 설득과 협상에서 중요한 고려 요인이 된다. 오래 전 미국 정부는 요세미티 국립공원의 위탁 관리를 위한 국제 입찰을 실시한 적이 있다. 이 때 일본의 한 회사가 1,000분기 곧, 250년의 관리 계획을 제안 한바가 있다. 단기 지향적인 미국의 문화적 관점으로서는 놀라운 일이 아닐 수 없다.

공간 개념 분석

1962년 토마스 쿤은 과학혁명의 구조라는 책에서 패러다임이라는 용어를 처음으로 사용한다. 우리 각자는 자신만의 패러다임을 가지고 있다.

문) 아래 9개의 점이 있다. 4개의 연결된(필기구를 지면에서 떼어서는 안 된다.) 사선(직선이나 선분이 아니다.)을 가지고 9개의 점들을 모두 꿰어보라(적어도 한번씩은 사선이 통과해야 한다.)

17) Geert Hofstede(2010),"Cultures and Organizations:Software of the Mind", McGraw-Hill

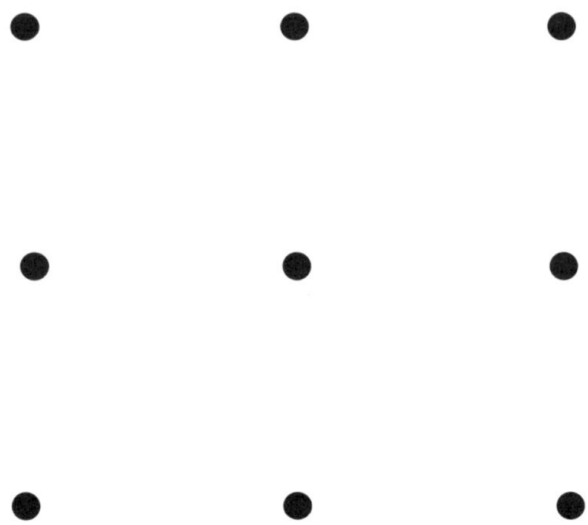

〈그림 10〉 4선과 9점을 한 번에 잇기

답) 너무 싱거운가? 그렇다. 대부분의 문제라는 것이 그 해답을 알고 나면 어이없을 만큼 쉬울 때가 많다. 인생도 마찬가지다. 여기서의 핵심은 각 모서리를 지나는 점을 잇는 4각의 경계선이다. 문제에서는 그 경계를 제한하지 않았음에도 적지 않은 사람들이 이 울타리 안에서 해법을 찾으려고 하는 것이다. 이것이 자신에게 부여한 공간의 한계라고 할 수 있다. 그리고 이런 것들이 모여서 그 시대의 상식을 넘어 지식화 되고 진리로 굳어지면 그것이 곧 과학에서의 패러다임이 된다. 우리가 잘 아는 이야기를 한 가지만 떠올려 보기로 하자.

코페르니쿠스(1473~1543)가 살았던 당시, 세상 사람들은 모두가 지구가 우주의 중심이며 따라서 태양은 물론 모든 별들이 지구를 중심으로 회전한다는 소위 '천동설'을 절대불변의 진리로 알았다. 하지만 천재적인 과학자였던 그는 자신의 책(천구의 회전에 대하여)을 통해서 지구가 태양을 중심으로 돌고 있다는 지동설을 주장한다. 지금이야 유치원생들도 다 알만한 상식이지만 당시로서는 정치권력보다도 상위에 있는 종교 사상을 뒤집는 엄청난 주장이었다. 이런 내용이 그대로 발표되었다가는 교황청으로부터의 사형이 불을 보듯 뻔한 시대상황이었다. 결국 그는 이 엄청난 진실을 가슴에 묻은 채 살다가 죽기 직전에 가서야 책을 출간하였다고 한다. 그의 주장을 옹호하다가 70세의 나이에 교황청으로부터 종신 금고형을 받은 갈릴레오 갈릴레이(1564~1642)는 그로부터 10년 뒤 사망할 때까지 연금 상태를 벗어나지 못했다. 그가 사형에서 연금으로 감형될 수 있었던 것도 지동설을 번복했기 때문이며 로마 카톨릭의 법정을 나오면서 "그래도 지구는 돈다."고 속엣 말로 읊조렸다는 이야기는 지금까지도 인구에 회자되고 있다. 흥미로운 사실은 그가 죽은 지 350년이 되는 1992년, 교황 요한 바오로 2세는 '1633년 6월 22일 종교재판에서 갈릴레오에게 내려졌던 종신 금고형은 오판으로 그 판결을 무효로 한다.'고 선언한 것이다. 천동설이 지동설이라는 패러다임으로 전환되는 데 (적어도 기독교적 관점에서는) 300여 년의 시간이 필요했던 것이다.

학문 영역 확장

앞서의 패러다임 이야기를 좀 더 이어가 보기로 하자. 이렇듯 과학이라는 것이 관점과 시대 혹은 종교적 이유 등으로 변화한다면 도대체 어디까지가 과학이요 또 어디까지가 미신인가 하는 점이다.

아래 그림을 보면 허공에 벽돌이 하나 떠 있다. 이 내부는 온통 과학적 지식과 정보들로 가득 차 있다. 적어도 동 시대 사람들 사이에서는 진리라고 통용되는 영역이다. 그 하단부는 비과학(非科學)으로 시간이 지나도 과학화 될 수 없는 영역이다. 상단부는 초과학(超科學)으로 과학적 설명이나 입증을 넘어서는 영역에 해당한다. 그리고 벽돌을 둘러싼 좌우측 영역이 바로 미과학(未科學)에 해당한다. 이 부분은 과학이 발전해 감에 따라서 점차 확장될 영역이다.

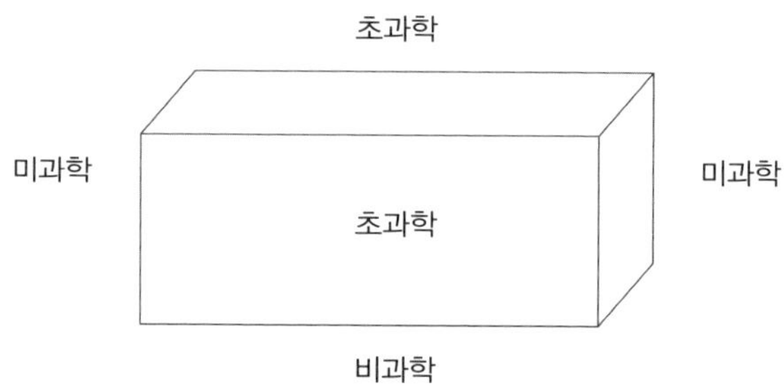

〈그림 11〉 과학의 범주

물론 엄밀히 말해서 초과학과 미과학 그리고 비과학 사이의 엄격한 구분은 없다. 하지만 이렇듯 벽돌과 같은 육면체를 허공에 띄우고 과학의 영역을 구분하는 것은 지금 우리가 진리라고 매달리고 있는 과학적 사실과, 비과학이라고 외면하는 경계에 대해서 좀 더 너그러워 지자는 것이다. 이러한 변화와 관점은 코스타가 자신의 책(지금 경계선에서)[18]을 통해서 명쾌하고 흥미롭게 설명하고 있다.

과학과 비과학의 영역에 관해서 한 가지 사례를 들어 생각해 보기로 하자. 우주 과학에 조금이라도 관심이 있으면 블랙홀, 화이트홀 그리고

18) 레베카 코스타, 장세현 역(2011),“ 지금 경계선에서; 오래된 믿엠에 대한 낯선 통찰”, 쌤앤파커스

웜홀이라는 이야기를 들어 보았을 것이다. 블랙홀이란 모든 물질과 빛까지도 흡수해버리는 우주의 한 구멍을 뜻한다. 반면에 화이트홀은 이 블랙홀을 통해서 빨려 들어간 것들을 통해내는 구멍이다. 그리고 웜홀은 이 두 개의 구멍 곧 블랙홀과 화이트홀 사이를 잇는 통로라고 할 수 있다. 과학에 흥미가 적은 사람이라면 벌써부터 고개를 좌우로 젓거나 코웃음을 지으며 말도 안 되는 소리라고 할 것이다. 하지만 과학자들 사이에서는 상당히 공론화 된 학설들이다.

16세기 문예부흥 시절에 이탈리아의 신부 지오다노 부르노(1548~1600)는 "지구와 태양은 우주의 극히 일부분에 지나지 않으며 더 많은 별들이, 더 넓은 우주가 있다. 그리고 그 곳에는 우리 인류와 같은 영장류들이 살고 있을 수 있다."는 주장으로 오랜 감옥 생활 끝에 끝까지 자기주장을 번복하지 않은채 마침내 화형을 당하고 만다. 오늘 우리는 태양계가 속한 은하계 내에는 천억 개 이상의 별들이 있으며 은하계 밖에는 그런 은하계만 한 우주가 또다시 천억 개는 있을 수 있다는 학자들의 주장을 듣는다. 이 이야기를 우주인이나 비확인 비행물체(UFO)에 관한 논의까지 확장시킬 의도는 없다.

단시 소통 특히 인문 소통이란 여러 차례 반복하듯이 상대방의 주장에 대해서 내가 모를 수도 있으며 그게 안되면 적어도 나와는 다를 뿐 그것이 틀린 것이 아니라는 확장된 사고가 절대적으로 필요하다는 사실이다.

다시 쓰는 자소서

취업난이 지속되면서 온갖 종류의 취준 교육 프로그램이나 컨설팅 회사들이 난무하고 있다. 그리고 이들이 제공하는 프로그램 또한 복장이나 화장에 관한 외모에서부터 자기 소개서 작성법, 면접의 요령 등 천편일률적이다. 외형은 내공이 완성됐을 때 비로소 빛을 발하는 법이다. 면접관들은 그 분야의 전문가들이다. 블링크의 말콤 글래드웰처럼 2초는 아니더라도 2~3분만 대화하면 상대의 바닥을 볼 수 있다. 믿어지지 않는가? 예를 한 가지 들어보자. 오랜만에 자신이 다니던 초등학교 교실을 찾아가서 선생님이 계시는 교탁 앞에 한번 서 보라. 뒤에 앉아 선생님 몰래 장난쳤지만 한 눈에 들어오질 않는가? 한 분야에 경험이 쌓이면 관심 대상은 상대적으로 축소되면서 한 눈에 들어오기 마련이다. 따라서 내공이 채워지지 않은 채 자소서를 수십번 고쳐 쓰거나 새 옷을 입고 제 아무리 모의 면접을 연습하더라도 단지 돈과 시간만 낭비하는 일이다. 그 보다는 자기만의 강점을 찾아내는 일이 시급하다. 나는 강점이 없다고? 그럴 리가 없다. 사람이라면 누구나 자기만의 특징이 있다. 요는 그것이 원하는 분야에서 필요로 하느냐가 문제다. 그건 어쩔 수 없는 노릇이다. 하지만 이 세상 어딘가에는 내 강점이 꼭 필요한 자리가 있다. 여기서 굳이 세상이라고 표현하는 이유는 내가 사는 인근 지역을 넘어 대한민국 더 나아가 세계 어딘가를 말하고자 함이다. 학생들하고 대화를 하다보면 나도 뭔가를 해야만 한다는 당위적인 질문 곧 일을 찾기에 앞서 과연 내가 무얼 하고 싶은지, 무얼 잘 할 수 있는지를 잘 모른다는 사실이다. 해서 중요한 건 내가 할 수 있고 지금 당장은 아니어도 앞으로 시간이 지날수록 잘 할 수 있는 일이 무엇인지 찾는 일이다. 그러기 위해서는 당연히 그 일이 좋아야만 한다. 전공이나 어학 실력 그

밖의 스펙보다도 중요한 일은 자지가 도저히 멈출 수 없이 좋아하는 게 무엇인가 하는 것이다. 그 과정을 기록하는 것이 곧 자소서라고 할 수 있다. 따라서 자소서는 좌측 상단에 사진이 있고 생년월일과 연락처를 기입하는 양식이 아니라 자신의 활동 기록이다. 일기며 포트폴리오다. 반드시 활자로 된 문서일 필요도 없다. 때로 동영상으로 때로 제작물로 때로 함께한 사람들의 추천이나 공동 활동의 결과물도 모든 것이 내가 좋아하고 잘 할 수 있는 나를 소개하는 증빙들이다. 나를 상대방에게 알리는 소통이다. 이 가운데 가장 적절한 방법으로는 블로그 운영을 추천한다. 좀 더 적극적이라면 팟케스트나 아프리카같은 방송을 시도해 볼 수도 있다. 기회가 닿으면 테드와 같은 토크 쇼에 도전해 보는 것도 고려해 볼만 하다. 적지 않은 전문가들이 이런 단편적 기록들을 통해 세상에 자신을 알리고 자기의 기록을 출판해서 유명세를 탄다. 쓰지 않으면 망할 것(Publish or Perish)이라는 격언은 비단 서양의 경영 컨설턴트들에게만 요구되는 말이 아니다. 이제 우리 누구도 이런 방식으로 자기를 소개해야 하는 시대가 이미 시작된 것이다.

텔링 보다는 두잉

앞서 소개한대로 자기를 알리는 행위는 말보다는 다양한 행동의 결과물이어야 한다. 따라서 소통은 특히 소통인문학은 스토리텔링이기 보다는 스토리두잉이어야 한다. "나는 바담 풍해도 너희는 바람 풍하거라" 혀 짧은 스승이 바람 풍(風)자를 가르치면서 제자들에게 하는 말이다. 이 아재 개그에는 우리가 처한 현실에 적합한 교훈이 숨어 있다.

왜곡된 유교사상과 우리 고유의 언어 체계가 빚어 낸 권위주의의 극치를 보여 준다. 때로 엔터키를 치는 순간 아차 싶을 때가 있다. 하지만 늦었다. 이미 내가 보낸 메일은 빛의 속도로 상대방에게 날아간다. 세계적인 열풍을 일으키는 테드는 난해한 주제를 18분 이내에 끝맺는다. 트위터는 140 글자를 넘지 못하고 페이스북이나 카카오톡은 그 마저도 길다. 요즘 아이들치고 부모님께 존댓말이나 존칭어를 쓰는 경우를 보기 힘들다. 심지어 일상용어조차 축약해 말하니 성인들로서는 그 의미조차 알아듣기 어렵다. 누구나 스마트 폰을 들고 다닌다. 언제 어디서고 듣고 보며 확인할 수 있게 된 것이다. 그리고 세상은 점차 영성을 지향하고 있다. 이러한 감성이나 영성으로의 진화가 스토리텔링이 아니라 곧이 스토리두잉 이어야 할 필요가 어디 있는가? 사람은 말은 기억하지 못해도 느낌은 기억하기 때문이다. 느낌은 바로 실행, 행동에서 비롯된다. 물론 책을 읽거나 이야기를 들어도 느낌은 있다. 하지만 절실하지도 오래가지도 않는다. 더욱이 요즘처럼 빠르게 변하고 정보가 넘쳐나는 상황에서이야기는 그냥 이야기일 뿐이다. 게다가 그 느낌이 단순히 물건을 써본 기억을 넘어서 감성이나 심지어 신념을 다루는 영성에 이르러서는 느낌으로 남을 수 있어야 한다. 텔링은 말 그대로 말하기, 이야기에 지나지 않는다. 그러나 요즘은 이야기가 넘쳐나는 세상이다. 사람들이 더 이상 이야기를 들으려고 하지 않는다. 20세기 초 유럽이 왕권을 끝내고 민정으로 들어가는 시절, 복장만 보고도 그 사람의 신분을 알 수 있었다. 우리나라도 마찬가지다 양반과 평민과 상민의 의복이 달랐으며 같은 양반이라도 복장이나 장신구를 달리했다. 멀리서 보아도 그 사람의 사회적 신분이 그대로 드러나던 시절이다. 하지만 지금은 그러한 계급사회가 해체된 사회다. '내가 부자다' 혹은 '내가 가난하다', '똑똑하다'라고 표현하거나 전달하지 않으면 알 수 없는 세상이 되어 버린 것이다. 인성 인문학에 의한 소통은 어떻게 드러나는가? 말과 글은 웬만하면 번지르르하게 써 댈 수 있다. 이미 모두 정치가들의 혹은 종교지도자들의 글에 매혹되다가 언론에 보도된 그들의 행동에 실망한 적이 적지 않다. 그리고 굳이 언론이 아니더라도 앞서 나열한 다양한 SNS 환경이나 프로그램은 더 이상 말이나 글 뒤에 숨어서 자신을 감출 수 있는 세상이 아니다. 소통은 곧 행동이며 소통인문학은 그 사람의 인성을 드러내는 두잉이다.

무주지 선점 전략

오래전 서울대학교 공과대학 교수를 지낸 이면우 교수가 쓴 책(W이론을 만들자)에 나온 표현이다. 한자를 풀이하면 주인이 없는 땅(無主地)을 먼저 차지하기 위한(先占) 방법에 관한(戰略) 이야기쯤으로 해석할 수 있겠다. 서부 개척시대 인디언들의 땅을 약탈하다시피 한 유럽인들은 말을 달려 깃발을 꼽으면 그 곳이 곧 자기 땅이었다. 그야말로 주인 없는 곳은 먼저 차지하는 놈이 임자인 식이다. 경영학에서 말하는 블루오션 전략도 이와 다르지 않다. 경쟁이 심한 레드오션에서 치열하게 살아남으려고 노력하느니 비어있는 기회의 땅을 찾아보자는 거다. 소통인문학에서도 이러한 발상이 가능하다. 이를 다루는 마케팅 커뮤니케이션에서는 STP 전략과 PI로 소개한다. STP는 각기 분할(Segmentation), 설정(Targeting), 자리매김(Positioning)하기의 영어식 표현이고 PI는 개인의 정체성(본래는 조직의 리더를 의미하는 President Identity였으나 이후Personal Identity)을 의미한다. 소통인문학의 관점에서 이를 적용해 보면 다음과 같다.

먼저 분할이란 환경을 어떻게 분석하느냐이다. 냉장고 시장의 경우 누구도 삼성이나 엘지와 같은 거대 기업을 이기기는 쉽지 않다. 그렇다면? 냉장고 시장을 분할하는 거다. 만도라는 기업은 원래 자동차나 공업용 냉각기를 만들던 회사다. 냉각 장치에 관한 축적된 기술을 바탕으로 사업 확상이나 다각화를 위해 연구하던 중 김치 냉장고라는 분할을 생각해냈다. 한국 가정치고 김치를 먹지 않거나 그 김치를 냉장고에 보관하지 않는 집이 거의 없다. 하지만 그렇지 않아도 작은 냉장고에 김치 보관이 용량을 너무 많이 차지할뿐더러 문을 자주 여닫는 바람에 신선도가 제대로 유지되질 않는다. 해서 별도의 김치 보관을 희망하는 사람들을 대상으로 설정하고 마케팅함으로써, 만도야말로 김치를 보관하는 냉장고에 관한한 전문 기업으로 자리매김하는 데 성공한다. 그 결과는 20년이 지난 오늘까지도 삼성과 엘지는 김치 냉장고 시장에 관한 한 만도를 넘어서지 못하고 있다. 이러한 마케팅 전략이 각자의 소통인문학에 시사하는 바는 무엇일까? 제 1단계는 앞서 말 한대로 시장, 곧 내가 나아가야할 미래 환경을 예측하고 분석하는 일이다. 옛 격언에 '누울 자리를 보고 다리를 뻗어라'는 말이 있다. 내 꿈을 펼칠 자리, 분야, 인적 구성 등을 미리 알면 그에 필요한 용어, 언어, 단어, 표현, 문장 등을 파악하고 이를 앞서 익힐 수 있다. 다음의 설정은 쪼갠 시장(환경) 가운데 장차 내가 집중하게 될 영역을 골라내는 일이다. 다음으로 중요한 일은 그 영역에서 내가 어떻게 자리매김할 것인가? 어떤 사람으로 여겨질 것인가에 대한 고민과 준비라고 할 수 있다. 다음으로 개인의 정체성 관리가 중요하다. 원체 변화가 빠르고 경쟁이 극심한 상황에서 남들과 다른 나를 알리기란 여간 어려운 일이 아닐 수 없다. 앞서의 STP 전략이 섰다면 남은 일은 자신의 정체성을 확고히 하는 길이다. 이는 앞서 논의한 듣기와 읽기를 바탕으로 하는 쓰기와 말하기의 영역에 속하기 때문에 여기서는 생략하기로 한다.

얼핏 이러한 비유와 전략적 접근은 비인문학적으로 비칠 수 있다. 해서 소통인문학답지 못하다는 비판을 받을 수도 있다. 이에 대해 부정하지 않는다. 하지만 일정 수준에 도달하게 되면 이러한 거푸집은 그 흔적도 없이 지워지게 된다. 이는 마치 나비가 온전하고 아름다운 모습으로 자라기까지 거쳐야만 하는 누에나 거푸집과 같은 과정이라고 볼 수 있다.

양극화의 축복

우리 사회의 균열이 더 없이 심각해지고 있다. 한국 전쟁 이후 남북 간의 이념 대립에서 비롯된 진보와 보수의 분열, 노년층과 청년층 사이의 세대 간 간극에서 나아가 아날로그와 디지털의 구분, 국제화, 다문화로 이어지는 민족 간 갈등 등등 마치 가뭄에 논바닥 갈라지듯 산지사방으로 갈라지고 서로가 서로에게서 멀어져만 가고 있다. 특히 근자에 벌어지고 있는 대통령과 그 주변 인물들에 의한 국정 농단은 이러한 파열에 기름을 부은 듯 산산이 흩어져만 가고 있다. 그만큼 사회 각 분야 전문가들이나 식자층의 우려의 목소리 또한 커지고 있다.

하지만 나는 크게 염려하지 않는다. 오히려 오랜 구습과 장애에서 벗어날 수 있는 절호의 발전적 계기로 예측한다.

우리는 오랫동안 백의민족, 단일 민족을 고집스럽게 지켜왔고, 자랑스럽게 밝혀왔다. 똑 같은 외모에 똑같은 생각을 견지하며 살아왔다는 고백이다. 조선 오백년을 지켜 온 신유교에 바탕 한 정치, 경제, 사회, 문화 등 전반에 걸친 획일화 된 우리의 사고와 가치 체계를 의미한다. 해방 후 농업사회에서 산업사회를 지향하는 과정에서 이러한 단순하게 표준화된 단절적 사고와 생활방식은 나름의 생산성에 기여할 수 있었다. 포드와 테일러로 비롯된 시간연구니 동작연구니 하는 일련의 경영혁신 노력은 소위 3S(Simplification, Standardization, Specialization)라고 해서 앞서의 단순, 표준, 단절을 기반으로 하기 때문이다. 해서 고도 산업사회를 지나던 6~80년 대 우리 사회는 모든 것이 표준화라는 이름으로 획일화되어 있었다. 멀리서 봐도 삼성맨이니 현대맨이니 하고 식별이 가능하리만큼 구조화되었던 시대다. 하지만 8~90년 대 들어오면서 거세게 불어 닥친 탈산업화 곧 정보산업화는 이제까지의 아날로그적 기반을 통째로 뒤엎는 전대미문의 혁명적 변화 즉, 정보혁명이 일어났다. 획일적 대량화가 다양한 탈 대량화로 전환하기 시작한 것이다. 이러한 변화에 본래부터 양성에 기반 한 서구 사회는 별 무리 없이 생산 체계를 전환시킬 수 있었다. 그러나 짧게는 50년 길게는 500년 아니 그 이상의 세월을 획일적으로 살아 온 우리에게 어느 날 갑자기 몰아닥친 다양화를 향한 요구는 쉽게 받아드리기 힘든 요구임에 틀림없다. 하지만 이는 필연적 과정이다. 정보혁명이후 지난 30여 년의 시간동안 재편된 세계적인 사회구조, 이를테면 한 세기 이상 산업사회를 주도하던 포드자동차나 코카콜라, 코닥카메라 등 굴지의 기업들이 어느 날 갑자기 마이크로 소프트, 구글, 네이버, 카카오톡 등에 자리를 내준 것만 보아도 알 수 있다. 해서 지금 우리사회는 오랜 획일화에서 벗어나 다양화로 가기위한 몸살을 앓고 있다. 획일화에서 다양화로 가려면 일단 양극화가 우선이다. 동에서 서까지, 남에서 북까지 간극을 넓혀야 그 사이에 다양성이 자리할 수 있기 때문이다. 그 간극이 크고 넓을수록 더욱 더 다양성이 존재할 수 있다. 문제는 지나친 팽창이 인장강도를 넘어서 복귀할 수 없는 지경에까지 이르게 해서는 안 된다. 다행히 그런 사태는 벌어지지 않을 것이라고 전망한다. 이는 무책임하고 막연한 낙관주의가 아니라 지금 우리 사회 일각에서 벌어지고 있는 온전함으로의 회귀 현상이 이를 반증한다. 아직은 정부 주도하의 혹은 기업들이 소극적인 자세로 사회적 책임이나 공유 가치 창출이 가시화되거나 비영리 단체들에 의한 사회적 기업, 사회적 자본 축적을 향한 사회적 경제 활동이 미미하지만 머잖아 이들 노력이 가시화되고 진정성을 더해 갈 것으로 믿는다. 그것이 선진국이 이미 앞서 간 길이고 우리 인류애에 내재된 영성(spirituality)이기 때문이다. 조하르(Danah Johar)[19]가 주장하는 물적, 사회적 자본주의 저 너머의 영적 자본주의나 이에 다가가기 위한 전략적 방법으로 코틀러(Philip Kotler)[20]가 제시하는 영적 마케팅 등이 이러한 주장을 뒷받침한다.

19) Danah Zohar(2013),"Spiritual Capital", Bloomsberry Publishing

20) Philip Kotler(2010)," Marketing 3.0: From Products to Customers to the Human Spirit", Willey

VIII

소통인문학 놀이마당

너도 괜찮아

세상만사 모든 것은 게임이다. 네덜란드의 사회학자 호이징거는 '호모 루덴스'곧, 인간은 놀이하는 동물이라고 정의한다. 골목에서 딱지치기하다가 싸우는 아이들이나 국회에서 멱살잡이를 하는 국회의원들이나 다를 게 없다는 거다 . 시골에서 자란 탓에 어릴 적 땅따먹기 놀이를 한 추억이 있다. 작은 손을 찢어져라 펼친 채 조금이라도 더 크게 뼘을 재가며 내 땅을 넓혀가는 게임이다. 그러다가 해가 뉘엿뉘엿 지기 시작하면 어머니가 "철수야 들어와서 저녁 먹어라" 한 마디에 그토록 싸움박질 해가면서 넓혀가던 흙 마당 위 나의 영토를 아무 미련 없이 신발로 벅벅 문질러 지우곤 저녁밥을 먹기 위해 뒤도 안 돌아보고 집으로 달려가던 기억이 아련하다. 듣기에 따라 너무 가볍게 희화화하는 듯이 보이지만 설득이나 협상 모두 나 자신과 혹은 상대방과의 일정한 이득을 위한 싸움이며 이 싸움에서 유리하려면 무엇보다도 먼저 이를 놀이로 승화할 수 있는 여유가 필요하다. 서로가 즐겁자고 하는 놀이인 만큼 너그러울 수 있다. 이 때 적합한 놀이가 토마스 헤리의 I'm OK, You're OK 게임이다. 헤리에 따르면 사람들 사이의 대화 유형은 아래 그림에서 보는 것처럼 네 가지 유형이다. 일예로 I'm OK, You're not OK는 자칫 부모가 자녀들에게 하기 쉬운 꾸지람으로 "넌 왜 그 모양이냐?"라는 질책을 들 수 있다. 이 말을 듣는 아이들의 입장에서는 (부모님은 잘 하지만) 나는 틀렸어 라는 자책이 쌓이게 된다. 이제 특정한 주제로 두 사람간 대화를 통해서 네 가지 상황을 연출해가며 각 상황별 서로의 느낌을 공유해 보기로 하자.

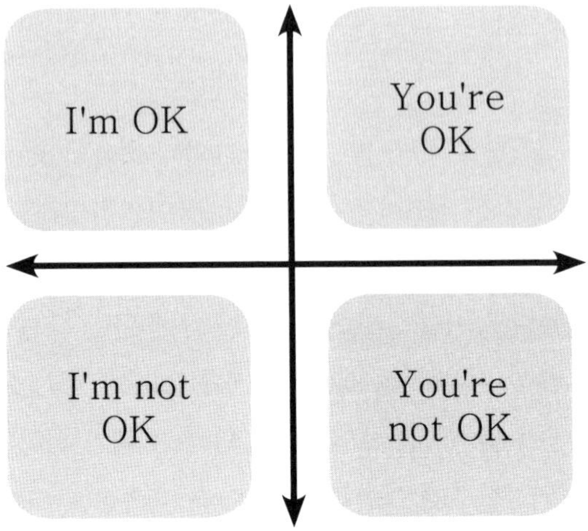

〈그림 12〉 토마스 헤리스의 모형

창가에 서서

왜 인간은 동물과 달리 한 평생 공부를 하면서 지식을 쌓아야 할까? 세상을 보는 창문을 키우기 위해서다. 지하 동굴과 같이 혹은 감옥과 같이 칠흑같은 어둠 속에서도 또는 배식구만 빼꼼히 열리는 좁은 방 안에서도 살 수 있다. 하지만 그건 연명하는 거지 사람이 사는 것이라고는 할 수 없다. 공부를 하고 지식을 넓히고 경험을 쌓는 것은 밖(세상)을 볼 수 있는 남들보다 더 큰 창문을 갖기 위함이며 균형있고 다양한 식견을 갖추는 것은 그 창문이 평평하고 투명해서 어떤 편견이나 왜곡을 갖지 않게 된다는 뜻이다. 매일 들고 다니는 스마트폰 속에 필요한 모든 지식과 정보가 담겨있는 데 뭐 하러 시간과 노력을 들여 공부하느냐고 혹자는 말한다. 하지만 그런 지식, 그런 정보로는 오늘을 살아갈 수 있을지언정 내일을 대비할 수 없다. 창의적인 아이디어와 생산적인 발상은 손에 쥔 정보가 아니라 머리에 담긴 정보들의 새로운 조합에서만 비로소 가능하다는 것을 우리는 이미 잘 알고 있기 때문이다.

일찍이 심리학자 조 헤리는 우리가 바깥을 보는 창문을 4/4 분면으로 나누어 설명하고 있다.

1. 나도 알고 타인도 아는 열린 자아(Open Self)
2. 나는 아는데 남은 모르는 숨겨진 자아(Hidden Self)
3. 남은 아는데 나는 모르는 어두운 자아(Blind Self)
4. 나도 모르고 남도 모르는 닫힌 자아(Unknown Self)

이 네 가지를 그림으로 그려보면 아래와 같다. 이제 두 사람 간에 대화를 통해 네 가지 창을 확인하고 최종적으로 네 번째 영역이 얼마큼 넓어졌는지를 공유해 보기로 하자.

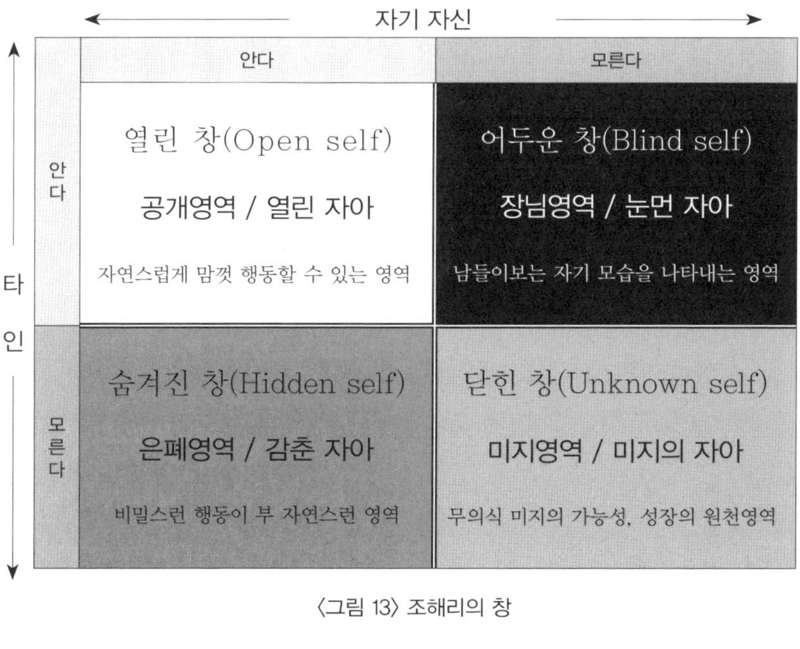

〈그림 13〉 조해리의 창

믿을까 말까

소통을 하는 데 있어 가장 어렵고 중요한 문제라면 신뢰를 들 수 있다. 특히 의사결정을 하는 과정에서 상대의 태도와 반응에 따라서 결과가 좋아질 수도 혹은 나빠지거나 아니면 그 결과가 내게 돌이킬 수 없는 치명적인 손실을 가져온다면 이는 단순히 소통 기술(Communication Skill)의 차원을 훨씬 넘어서는 문제가 아닐 수 없다. 더욱이 평소 잘 알고 지내는 사이도 아닌 경우 상대방과의 소통을 얼마만큼이나 신뢰할 수 있을 것인가? 난감한 과제가 아닐 수 없다. 이럴 경우 서로가 내리는 결론에 집중할 수 밖에 없다. 이를 실험하는 대표적인 놀이가 바로 죄수의 딜레마(Prisoner's Dillema)놀이다.

죄수의 딜레마는 1950년 미국 국방성 소속 경제학자 메릴 플로드와 멜빈 드레셔(Flood & Dresher, 1950)의 연구에서 시작됐다. 이들은 사람들의 협력과 갈등에 관한 게임 이론과 관련된 연구와 실험들을 진행했고, 서로 협력하는 것이 가장 좋은 상황에서 서로를 믿지 못해 협력하지 않는 현상을 설명했다. 이후 1992년에 프린스턴 대학교의 수학자 앨버트 터커(Albert W. Tucker)가 게임 이론을 설명하는 강연에서 유죄 인정에 대한 협상을 벌이는 두 죄수의 상황에 적용하면서 이후 '죄수의 딜레마'라는 이름으로 불리고 있다. 터커가 예로 든 상황은 아래와 같다.

> 두 명의 범죄 조직원이 체포되어 왔다. 이 범죄자들은 각각 독방에 수감되었다. 경찰로서는 두 명의 공범을 기소하기 위한 증거가 부족한 상황이다. 이러한 상황에서 경찰은 이들에게서 자백을 받아 범죄를 입증할 계획을 세우고 각 범죄자들을 대상으로 신문을 한다. 이때 경찰은 두 공범에게 동일한 제안을 한다. 다른 한 명의 공범에 대해 자백을 하면 자백한 그 사람은 석방하는 반면, 다른 공범은 징역 3년을 받게 된다는 것이다. 이는 상대편 공범이 자백을 했을 경우에도

마찬가지이다. 즉, 누구든 자백을 하면 자백을 한 그 사람은 석방되지만 상대편 공범은 3년의 징역을 받는다. 그러나 두 공범이 모두 자백을 하면 각각 징역 2년을 받으며, 둘 다 자백하지 않고 묵비권을 행사하면 각각 징역 6개월을 받게 된다.

이를 그림으로 정리하면 아래와 같다.

〈도표 2〉 죄수의 딜레마

구분	공범 B:묵비권(협조)	공범B:자백(배신)
공범A : 묵비권(협조)	공범A/B : 징역 6개월	공범A ; 징역 3년 공범B : 석방
공범A : 자백(배신)	공범A ; 석방 공범B : 징역 3년	공범A/B : 징역 2년

(출처: 심리학용어사전, 한국심리학회)

자 이제 3인 1조가 되어 두 사람은 각각 A,B가 되고 다른 한 사람은 이를 관찰하면서 소감을 기록하도록 하자. 세 사람이 모두 돌아가면서 놀이를 마친 뒤 그 결과를 두고 상호 소통하면서 자신의 논리와 정당성을 피력해 보자.

태도의 색깔

이제까지의 놀이는 주로 일대 일의 소통 국면을 상정하고 그러한 상황에서 설득과 협상을 위해 어떻게 커뮤니케이션 할 것인가에 관한 게임이었다면 이제는 일대 다수 혹은 다수대 다수의 국면을 고려해 보기로 한다.

소통을 하다보면 생각이 앞서는 사람, 말이 앞서는 사람, 상대방을 지나치게 배려하는 사람, 직설적인 사람, 감성적인 사람, 우유부단한 사람 등등 각자의 성격에 따라서 대화의 유형이 달라짐을 알 수 있다. 이러한 사고의 차이에 따라서 표출되는 소통을 색상으로 구분해 낼 수 있도록 고안해 낸 것이 바로 애드워드 드보노가 개발한 여섯 색깔의 생각하는 모자 게임이다.

이를테면 하얀색은 중립적인 생각으로 객관적인 사실에 입각한 숫자나 자료를 인용하거나 제시하는 타입이다. 빨간색은 느낌이나 감정, 정서에 충실한 유형이다. 노란색은 낙천적이며 긍정적인 사고로 희망과 가치, 배려 등을 중시한다. 초록색은 창의적인 사람으로 새로운 아이디어나 해법을 제시한다. 파란색은 냉철하고 논리적이며 이성적이다. 계획적인 사고와 엄격한 통제력을 갖는다. 마지막으로 검정색은 매우 신중하고 사려 깊다. 비판적 사고에 입각하여 위험 가능성을 지적한다. 이 놀이가 주는 교훈은 단순하고 명료하게 사고함으로써 가장 효과적으로 소통하는 법, 자신의 생각을 버리고 의도적으로 다르게 생각함으로써 폭넓은 사고력의 확장, 브레인 스토밍과 같은 아이디어 회의, 토의 중 자기 절제와 타인 존중 훈련, 주어진 문제를 다양한 관점에서 논의할 수 있는 사고력 등을 키울 수 있다.

이제 여섯 색깔의 종이와 가위, 스카치테이프를 조별로 준비해서 모자를 만들고 주어진 과제를 중심으로 돌아가면서 자기 의견을 발표하고 나머지 사람들은 한 사람 한사람이 발표를 마칠 때마다 그 사람의 소통 스타일에 적합한 색깔의 모자를 씌워준다. 그러고 나서 왜 그 사람에게 그 색깔이 맞는지를 평가하고 이러한 평가가 끝나고 나면 발언자는 자신의 발언 유형에 대해 동의하거나 그렇지 못할 경우 동료들의 색깔 평가에 대한 반박 의견을 제시한다.

X에서 Y사이

개인 간의 소통이 아닌 집단의 경우 때로 아무도 만족하지 못하는 결론에 도달하고는 한다. 각자의 생각 곧 프레임이 다르기 때문이다. 해법은 두 가지다. 첫째는 자신이 정말 옳다면 어떻게든 동료들을 설득할 수 있어야 한다. 둘째로는 비록 결과가 만족스럽지 못하더라도 과정에 승복할 수 있는 전원 합의체를 지향하는 방법이다. 다수의 의견을 종합해서 최종 결론에 이르러야 하는 경우 가장 중요한 것은 듣기다. 이 경우 적극적 경청(Active Listening)의 자세가 중요하다. 대부분 사람들은 의사 결정을 위한 논의 과정에서 자신의 의견을 정당화하거나 상대의 발언에서 문제점을 찾아 공격할 준비에 급급하느라 집중해서 들으려 하지 않는다. 편견이나 선입견을 억제하고 열심히 들어 줄 때 상대의 동의를 구하기도 또 설득하기도 그만큼 용이해질 수 있다는 사실을 간과해서는 안 된다. 이러한 깨달음은 실제 대화를 통한 체험이 중요하다. 이번에 소개하는 놀이는 적극적 청취가 설득과 협상에서 얼마나 유효한지를 직접 체험해 볼 수 있는 게임이라고 할 수 있다.

설득과 협상에 참여하는 한 집단은 최소 6명에서 12명 까지 가능하다. 한 집단을 다시 두 개의 그룹으로 나누면 각 그룹에는 6명이 되며 이를 다시 3개조로 나누면 조당 1인 혹은 2인이 된다. 이 놀이는 3개조가 참여하여 어느 조가 가장 많은 수익을 올리는가 하는 게임이다.

[구성]
1집단 12명, 2그룹 3조, 2명

[방법]
2인1조가 되어 3개조 즉 그룹 단위로 게임을 운영한다

[조건]
조원이 모두 X를 선택하면 → 각자 100만원씩 잃는다
X가 두명, Y가 한명이면 → X는 100만원을 벌고 Y는 300만원을 잃는다
X가 한명, Y가 1명이면 → X는 300만원을 벌고 Y는 100만원을 잃는다
조원이 모두 Y를 선택하면 → 각자 100만원씩 번다

[상황]
모두 5차례 게임을 하여 합산하되 각 단계별 규칙을 따른다. 단, 마지막 5단계의 직전 통보라 함은 4단계를 마친 후 진행자가 임의로 배수를 결정, 전체에게 동시에 통보하는 방식이다.

〈도표 3〉 집단 의사결정 XY 게임

참가 그룹________ 조__________ 이름________________&________________________

단계	규 칙	선택	집단 성향	손익	셜산
1	사전 협의 불가	X, Y	X ____ Y____		
2	사전 협의 가능	X, Y	X ____ Y____		
3	협의 가능 결과2배	X, Y	X ____ Y____		
4	협의 불가 결과2배	X, Y	X ____ Y____		
5	(직전 통보)	X, Y	X ____ Y____		

날으는 계란(Flying Egg)

21세기의 화두는 '도덕'과 창의'다. 누군가 이의를 제기해도 논쟁에 휩싸일 시간이 없다. 시간은 가장 중요한 자원이기 때문이다. 소통인문학 또한 이로부터 자유롭지 못하다. 그 가운데 창의란 무엇일까? 후천적 훈련에 의해서 습득이 가능할까? 그렇다면 어떤 절차와 방법이 있을 수 있을까? 뭐, 애당초 창의를 학문적으로 다룰 생각은 없었다. 왜냐하면 이론적으로는 무의미하니까. 그래도 일정 수준의 안내서는 필요하다. 스노우보드를 타는 법에 관한 책을 다 읽었다고 해서 그 즉시 잘 탈 수는 없는 법 아닌가? 그렇더라도 적어도 스노우보드를 착용하고 일어서는 것까지는 가능하기 때문이다.

창의성이 선천적인지 혹은 후천적인지에 대한 논의도 별반 중요하지 않다. 선천적으로 타고난 사람에게만 부여되는 재능이라면 이런 책들이 무슨 소용이 있겠는가? 필자의 주장은 창의성은 다분히 후천적이라는 것이다. 물론 초월적 자아에 의한 선천적이거나 천부적 영역에서 창의성이 발휘되는 경우가 전혀 없지는 않다. 아니 오히려 빈번하게 발견될 수도 있다. 하지만 그 부분은 탐구 영역 밖의 논외로 삼기로 한다. 여기서는 현재적 혹은 잠재적 자아에서 비롯되는 창의성에 주목하기로 한다.

결론적으로 말하면 창의성은 각자의 잠재의식 속에 각기 분산되어 존재하는 아이디어의 조각들을 여하히 결합해서 현재 의식으로 도출해 낼 수 있을 것인가의 문제라고 할 수 있다. 물론 여기에는 우리의 잠재의식 속에 도출해 낼 거리 곧 지식과 경험들이 존재한다는 전제하에서의 논의다. 지하수가 고갈된 펌프나 우물의 두레박질은 헛수고이며 쓰레기 더미 속에서 건질 수 있는 건 오직 쓰레기(garvage in, garvage out)

뿐이라는 자명한 진리 때문이다. 이제부터는 그동안의 모든 소통에 관한 학습과 훈련 과정을 총동원하여 실습하고 체험하며 부족한 부분을 점검해 보는 시간이다. 이론의 종합이며 실습의 종합이고 또한 게임의 종합이라고 할 수 있다. 이 게임은 다국적 기업이 여러 나라의 담당자들을 한 자리에 모아놓고 각 나라별 문화적 사치에 의한 소통 문제를 극복하거나 각자에게 역할을 주어 조직 내 임무를 이해하도록 하는데 조 목적이 있다. 나아가 게임 참가자들의 활동을 관측, 이들이 갖는 소통(Communication), 협력(Team Building), 문제 해결(Conflict Management), 영업력(Sales & Marketing), 원가 개념(Profit & Loss) 등에 관한 업무 역량(Management Skill)을 파악하여 이들을 적재적소에 배치하거나 인사고과의 기초자료로 활용하기도 한다. 본 과정에서는 소통 특히 소통인문학적 관점에서 전체 과정을 종합하면서 게임을 운영하도록 한다.

과제(Assignment)

각 팀은 주어진 재료를 구입하여 주어진 시간 내에 지상 4미터의 높이에서 콘크리트 바닥으로 계란을 자유낙하 시켰을 때 깨지지 않는 구조물을 만들어낸다. 구조물은 주어진 재료로 포장이 가능하나 용이한 착탈로 반복 사용이 가능하여야 한다. 단, 구조물은 공동으로 제작하되 한 사람이 설치, 조작 및 이동 할 수 있어야 하며 낙하 뒤 포장을 해체하지 않고 육안으로 계란의 상태를 확인할 수 있어야 한다.

재료는 2회에 한하여 매입이 가능하나 2차 구매 시에는 각 재료별 단가가 1차 구매에 비해 50% 인상된다. 완성 후 남은 재료는 반품에 의한 환불이 가능하지만 구매시의 상태 그대로이어야 하며 환불 가격은 1차 구매 가격 기준 50%다.

[준비(Preparation)]

1. 팀의 구성

전체 인원을 고려하여 한 팀당 4~6명으로 구성하고 각자의 역할은 기업의 조직도를 참고하여 핵심부서의 장으로 한다:

CEO(Chief Executive Officer): 대표

조직 전체를 이끌며 구성원의 장점을 최대한 끌어내고 조직, 구성원 간 갈등을 최소화하고, 위기 대처, 관리 능력을 포함한 경영 마인드와 리더십

CFO(Chief Financing Officer): 재무

대차대조표, 손익계산서 등 기본적인 재무 지식을 바탕으로 주어진 과제의 최적화를 위한 재무, 재고 관리 능력

CMO(Chief Marketing Officer): 마케팅

조직내의 마케팅과 영업을 담당하며 최종적으로 결과물의 시연과 발표 및 평가자들을 대상으로 하는 대외 소통 담당

CSO(Chief Social Officer): 사회문제, 환경

복지와 환경 등 제 사회 문제를 사전에 점검하고 진단하며, 조직 구성원들을 대상으로 이러한 문제들을 개선 내지는 해결할 수 있도록 교육, 관리

CCO(Chief Communication Officer): 내부 소통

조직 내 상하 좌우 및 부서 간 원활한 소통이 이루어질 수 있도록 하는 조화와 중재 역할, 필요시 CMO와 대내외 소통 공유, 4인시 CSO 겸직

CKO(Chief Knowledge Officer:지식, 정보)

조직에게 주어진 과제 해결에 필요한 지식이나 정보를 수집하고, 분석하여 상사나 관련 부서에게 제공하거나 공유, 외부의 의견 수집 병행. 팀내 인원 부족 시CSO와 통합가능

[재료(Materials)]

안전, 환경, 경제 가치 등을 고려하여 실제 비용을 최소화(1인당 3~4천원)하여 실습 2주전 구입, 참가자들에게 샘플을 사전에 보여주어 팀별 논의와 준비에 도움이 되도록 한다.

1차 구매가/개당(단위: 만원)

재 료	수 량	단 가
각목	길이 2.4미터 두께 3센티 42개	100
나일론 실	16테두리	20
청테이프	24개	10
붉은 노끈	24개	10
스트로	32묶음	20
각도기	8개	10
칼	8개	30
톱	8개	50
S자형 쇠고리	16개	5
줄자(5미터)	8개	10
계란	30개 한판	5
추가 항목(안전, 환경 등 항목으로 선택 사항)		
보자기	8개	20
목장갑	40짝	2
평가 준비물	평가시 반영 고려 항목	
물품 보관료	반영 여부 현장 결정 항목	

실습에 반영하는 단가는 실 구입비와 상관없이 재무제표에 의한 경영 마인드와 의사결정 등을 고려하여 책정 한다.

실습(Execution)

과정 안내

본 과정은 최소 12시간을 필요로 하며 일주 전 사전 안내를 통해 게임의 취지와 목적, 운영 및 평가 방법등을 고지하고 팀별 구매해야 할 품목을 열람 할 수 있도록 한다(2시간).

각 탐별 계획서식과 구매 목록을 배포한 후 팀별 회의를 통해 1) 역할 분담 2) 조직 구축- 명칭, 로고, 슬로건, 핵심역량, 핵심가치 등 3)브레인스토밍에 의한 문제 해결 및 시연을 마치도록 한다(8시간).

각 팀별 대표를 중심한 평가단을 구성 접수 순서에 따라 평가한 후 전체적인 검토 작업을 통해 단기적으로는 본 게임의 의의와 장기적으로 전체 과정에서의 습득 내용을 총 점검토록 한다(2시간).

팀별 토의(Team Building)

팀별 토의는 2단계로 먼저 팀을 구성하고 다음으로 문제 해결에 들어간다.

팀 구성하기는 역할 분담 왜 자신이 그 역할을 맡아야 하는지에 대한 설득 작업과 최종적인 협상, 팀 구성 명칭/로고/슬로건/핵심역량/핵심가치의 결정과정을 통한 소통 훈련의 종합 및 조직적 사고의 습득, 학교와 기업의 상이점 파악 등이다.

팀별 작업(Workshop)

앞서 2단계에서 결정된 역할분담에 따라서 문제 해결을 위한 논의와 이를 토대로 하는 제작 작업 단계, 퍼실리테이터의 팀별, 개인별 관측에 의한 평가와 문제 해결을 위한 질의응답을 진행한다.

발표 및 평가(Presentation & Evaluation)

제작을 완료한 순서에 따라서 모의시험에 의한 완결 평가 후 발표 순서를 결정한다. 평가는 퍼실리테이터(50%)와 각 팀의 대표자로 구성된 평가단(50%)이 참여하여 전체 점수를 합산, 평균값을 적용한다.

이 과정에서 발표팀과 평가단 사이의 지적과 질문 및 답변과 질문에 의한 설득과 협상을 포함하는 전 소통 과정의 종합 실습을 반복하게 된다.

과정 종합(Wrap Up)

전체 팀의 평가 후 이를 종합하여 1) 경제적 가치 2) 시간, 조건 엄수 3) 안전, 환경 등 사회적 평가 요인 4) 팀별 소통에 의한 합일도 5) 고객(청취자)관점의 반영 6) 기타 퍼실리테이터에 의한 수시 조건 변경 수용 능력 등에 관한 평가를 통해 가변적인 상황에서의 설득과 협상에 관한 핵심 학습 내용을 재점검하는 시간을 갖는다.

관련 양식(Documents)

〈도표 4〉 팀 조직도

팀 명	
팀 슬로건	
비젼	
미션	
핵심 가치	
핵심 역량	

팀 구성	전공	담당 근거	비고
ceo			
cfo			
cmo			
cso			
cco			
cko			

〈도표 5〉 물품 구매표

(단위 : 만원)

품목	재원	총 수량	단가	1차 구매	2차 구매
각목	길이 2.4m 폭 3cm	42개	100		
나일론 실		16테두리	20		
청테이프		24개	10		
붉은 노끈		24개	10		
스트로		32묶음	20		
각도기		8개	10		
칼		8개	30		
톱		8개	50		
S자형 쇠고리		16개	5		
줄자(5미터)		8개	10		
계란		30개 한판	5		
추가 항목(안전, 환경 등 항목으로 선택 사항)					
보자기		8개	20		
목장갑		40짝	2		
평가 준비물	평가시 반영 고려 항목				
물품 보관료	반영 여부 현장 결정 항목				

구매 팀 ceo cfo

〈도표 6〉 팀별 평가표

팀 명	총 비용	총 시간	지도교수/팀장	최종 평가

나오면서

'온전한 소통 연구소'라는 학교 부설연구소를 운영하고 있다. 미래학이니 소통학이니 하면서 명칭이 너무 구태스럽다는 학생들의 지적과 동료들의 핀잔을 듣는다. 그만큼 '온전하다'는 표현은 식상하게 들릴지도 모르겠다. 영어로는 'Integrity Mediated Communications'라고 해서 굳이 번역하면 '온전함이 내재된 소통'쯤이 될 수 있다. 또 다시 온전함이 문제다. 사전적 의미는 "본바탕 그대로다", 혹은 "잘못된 것이 없이 바르거나 옳다"라는 설명과 함께 온전을 괄호 안에(穩全)이라는 한자어까지 덧붙인다. 그러나 마치 온세상을 이야기 할 때처럼 여기서 필자가 주장하는 '온'은 순 우리말이다. 1994년 이래 필자의 본래 전공인 IMC(Integrated Marketing Communications,통합 마케팅 커뮤니케이션)를 연구해 오면서 점점 더 통합이 지향하는 바가 물리적 합산이 아닌 화학적 내지는 생물학적 영역에까지 닿아있음을 깨닫게 된다. 요약하면 산업혁명이후 시작된 분업화가 그 한계를 인식하고 다시 결합을 시작하지만 본래 모습을 회복하는 데는 실패한다. 그 원인은 조각의 분식이 아니라 내재된 가치의 회복이나 생명의 복원이 문제기 때문이다. 해서 2000년 대 들어서면서 부터는 발표의 기회가 있을 때마다 "Integrity is the etymology of integration(온전함은 통합의 어원)이다"는 면제를 주장하고 다녔다. 일부 동양을 잘 아는 서구의 학자들로부터 심정적 동의를 얻기는 했지만 공론화 되지는 못했다. 그러다 우연한 기회에 도쿄의 한 서점에서 From integration to integrity[21]라는 책을 만나게 된다. 유럽

21) Michelle Cini(2007),"From integration to integrity",Manchester University Press

위원회의 관리 윤리와 개혁(Administrative ethics and reform in the European commission)이라는 부제가 붙은 책이다. 이후 필자는 디지털 인문학으로의 회복은 그 원형인 '온전함'을 지향하는 것으로 확신한다. 그리고 그 DNA가 되는 것이 바로 소통이다. 이는 스말리(Smalley)[22]의 고백처럼 혹은 연기법에서 주장하는 것처럼 삶은 관계요 나머지는 사소한 것(Life is relationship, the rest is just detail.)에 지나지 않기 때문이다. 그리고 그 관계는 오로지 소통으로만 맺어진다. 소통은 기술이 아니다. 인격이며 삶 그 자체이다. 그렇다고 해서 존재 자체를 부정하거나 개조할 수는 없는 노릇이다. 다만 이러한 사실을 깨닫고 지금의 나에게 최선을 다하고자 노력할 뿐이다. 진인사 대천명이라든지 지성이면 감천이라는 말은 미신을 믿던 원시시대나 첨단 과학을 누리는 오늘이나 같은 원리로 작동하기 때문이다.

이 책을 출고하기까지 소통인문학이라는 제목이 행여 인문학의 보편성을 훼손하는 게 아닌가 염려스러웠다. 그러던 차에 마침 출간된 미래 인문학 트랜드(김시천 기획, 아날로그)라는 책을 읽고 위안을 삼는다. 내친 김에 지역에서 펼치고 있는 재능기부 활동을 분야별로 고전인문학, 역사인문학, 상담인문학 등으로 엮어 볼 생각을 하면서 이 글을 마친다.

22) Gary Smallet(2007),“ The DNA of Relationships”, Tyndate House Pub.

김일철

동의대학교 광고홍보학과 교수
부설 온전한 소통 연구소 소장
한국 IMC 학회 회장
미국 노스웨스턴 대학교, 하와이 대학교 연구 및 방문 교수
중국 북경 대학교, 심천 대학교 초빙 및 교환 교수
전, 초대 부산광고홍보학회 회장
한국광고학회, 한국홍보학회, 한국광고홍보실학회 이사
엘지전자, 타파웨어, 웅진, 렉솔 코리아 마케팅 부장, 임원 및 CEO
삼성 인력개발원, 엘지 인화원, SK아카데미, 및 기타 대기업, 시, 지자체 대상 강연

IMC, 국제 광고와 PR 등에 관한 저서 및 역서 17권
국내외 학술지 발표 논문 40여 편

설득과 협상을 위한 소통인문학

초판 1쇄 발행 _ 2017년 2월 25일

저　　자 · 김 일 철
발 행 인 · 정 현 걸
발　　행 · 신 아 사
인　　쇄 · 토탈프로세스
출판등록 · 1956년 1월 5일 (제9-52호)
주　　소 · 서울시 은평구 통일로 59길 4(2F)
전　　화 · 02)382-6411 · 팩스 02)382-6401
홈페이지 · www.shinasa.co.kr
E-MAIL · shinasa@daum.net

ISBN 978-89-8396-984-2 (93100)

정가 11,000원

프라임 동의 인문교양 총서
이 저서는 교육부의 산업연계교육활성화선도대학(프라임)사업 사업비를 지원받아 집필한 저서임